デジタルネイティブのための
情報リテラシー

大瀧　保広
山本　一幸
羽渕　裕真
共　著

学術図書出版社

はじめに

　本書が対象としている読者層は、スマートフォンやインターネットがあるのが当たり前になっている、「デジタルネイティブ」と呼ばれる世代です。多くの人がスマートフォンを日常的に使用しているので、「デジタル機器をそれなりに使いこなしている」と思っているでしょう。

　ところが 2009 年以降に行われている様々な調査 [1, 2, 3] で、「パソコンが使えない若者が急増している」という結果が報告されています。2016 年に行われた国際調査でも「日本の高校生は、アメリカ、中国、韓国と比べてパソコンを使った文書作成、プログラミング、インターネットを利用して勉強することなど、情報通信技術の活用が少ない」という調査結果が出ています。つまり、世界的にみて皆さんは「情報弱者」寄りとされているのです。

　ここで重視されているのは「パソコンを使いこなす能力」です。パソコンなどの情報機器やインターネット上のサービスなどを使いこなす能力のことを**コンピュータスキル**といいます。いまやパソコンを使った作業はあらゆる産業・分野において必要とされています。IT 系の仕事だけで必要とされる特殊技能ではないのです。

　単にインターネット上にある情報を閲覧して終わるのではなく、自分が望む情報を得るために、どういった元情報が必要なのか。それらはどこから入手できるか、どのように組み合わせ、加工すれば良いのか。「パソコンを使いこなす」というのは、単に Word や Excel といった Office ソフトを使う能力だけでなく、こういった一連の作業を理解し、実行できる能力、つまり広い意味でのプログラミング能力を含みます。

　そのときに同時に求められるのが ELSI（Ethical, Legal and Social Issues [1]）の観点です。ELSI は、元々は 1990 年にアメリカのヒトゲノム計画の中で登場した概念です。ヒトゲノム計画の目的は人間の遺伝情報のすべてを解読することでしたが、同時に、ヒトゲノムがすべて解読されたら倫理的（Ethical）、法的（Legal）、社会的（Social）にどのような影響があるかが議論されました。この考え方は、データサイエンスや AI などの情報技術の分野においても重要です。技術自体は数理・情報に関する工学的なものですが、取り扱うデータが個人情報である場面も多く、データを利用すること自体の可否、利用したことによる結果が社会的に受け入れられるかどうかなど、ELSI の観点で考慮すべき点が多々あります。

---

[1] 最後の I はもともとは Implications でしたが現在は Issues とされています。

　本書は、パソコンを普段の学習や日常生活の場で活用し、データを分析・解釈する力を身につけることを目的としており、大きく以下の3つの内容を含んでいます。

【情報リテラシー】　文書処理、表計算、プレゼンテーションに代表されるパソコン操作力とインターネット活用能力のことです。特に様々なメディアから情報を収集し整理する力（インプットスキル）と、自らの考えを自らの言葉で発信する情報発信力（アウトプットスキル）もここに含まれます。

【法的リテラシー】　インターネットに代表される「ネットの世界」を「バーチャル」「サイバー」と呼び、対する「そうではない世界」を「リアル」「フィジカル」などと呼んで区別する傾向があります。しかしインターネットは間違いなく現実世界の一部であり、法律の適用対象です。情報技術の急激な発展により、従来の法律が想定していなかった新しい概念や社会の新しい問題点が生み出されている側面は否定できません。技術と情報倫理や法律との関係、あるいは技術の負の側面に対する想像力を養うことが重要です。

【データリテラシー】　インターネットの情報源として、ニュースサイト、Wikipedia、まとめサイト、SNS、口コミサイトなど様々なものがあります。また図書、テレビ、新聞、雑誌などの、インターネット以外の様々なメディアも重要な情報源です。センサーや監視カメラが収集したデータ、ネットワークやソフトウェアの利用状況に関する記録など、機器が生み出すデータも多くあります。データリテラシーは、これらの多種多様な情報やデータを分析し、真偽を判断し、活用する能力です。プログラミングができればより一層分析力を高めることができるでしょう。

　目の前にある機器やソフトウェアの操作方法だけを覚えるのではなく、より本質的な「情報の取り扱い方」「情報そのものについて考える力」「分析する力」を養うことも重要です。本書が皆さんのコンピュータスキルを少しでも高めるための一助となることを願っています。

改訂にあたって

　本書は「データ駆動時代のアカデミック情報リテラシー」をベースに、大幅に加筆・修正・再構成したものです。本書の内容に関連する正誤表や動画などは、以下のURLからアクセスすることができます。

https://www.gakujutsu.co.jp/text/isbn978-4-7806-1228-8/

目　　次

第 1 章

パソコンの構成と基本操作

　パソコンは、改めていうまでもなく、パーソナルコンピュータを縮めた呼称です。コンピュータがまだ貴重で組織のコンピュータルームに置かれ、共同利用が普通だった頃に、「個人が占有して使える」ことを強調する言葉として誕生しました。

1.1　コンピュータの構成

　パソコンに限らず、すべてのコンピュータはハードウェアとソフトウェアから構成されます。ハードウェアとは、大雑把に言えば、手で触れることができる装置・物のことです。ディスプレイ、キーボード、マウス、CPU、メモリなどはハードウェアです。USB メモリや CD、DVD といったメディア（媒体）もハードウェアです。一方、ソフトウェアとは手で触れることができないものです。メモリやハードディスクに格納されたプログラム、ファイル、音楽、映像などはソフトウェアです。

　パソコンの性能を大きく左右するのは「CPU（Central Processing Unit; 中央演算装置）」「メモリ」「外部記憶装置」の三つの要素です。また現在では GPU（Graphics Processing Unit）やネットワーク通信の性能も無視できません。

　コンピュータの主要となる機能である CPU、GPU、メモリなどは通常は個別の部品ですが、スマートフォンやタブレットでは部品点数を減らすために、これらをすべて 1 つの半導体チップ上に実装した SoC（System-on-a-Chip）と呼ばれる部品を利用しています。近年ではパソコンでも SoC を搭載した機種が登場しています。

1.1.1　CPU

　CPU はコンピュータの頭脳にあたるものであり、計算処理全般を行います。CPU には、処理性能がそれほど高くないものの消費電力が少ないもの、消費電力は大きいが非常に高い処理性能をもつもの等、いくつもの種類があります。CPU の性能とは、単位時間あたりどのくらいの情報を処理できるか、ということです。大雑把にいうとビット数、コア数、動作周波数などに左右されます。

ビット数　CPU が一度に取り扱える情報の標準的なサイズが何ビットであるかを示したもの
です。現在の主流は 64bit です。

動作周波数（単位：Hz）　動作周波数は CPU が演算を行うタイミングの細かさを決めるも
ので、この数値が大きい方が 1 秒あたりに演算する回数が多くなるため高速になります。
しかし物理的な限界から、どの CPU も 2～4GHz 前後で大きな差はありません。

コア数　コアとは、CPU の中でも特に命令を処理する中核となる部分です。最近の CPU はコ
アを複数持っており、マルチコア CPU と呼ばれています。マルチコア CPU は複数の
処理を並行して進めることができるので、より多くの命令をスムーズに処理できます。
現在の CPU の価格差は、このコア数の差といって良いでしょう。

1.1.2　GPU

GPU はグラフィックス関連の処理を高速に実行する専用の演算装置です。CPU でももち
ろん処理できるのですが、GPU は大量のデータに対して同じタイプの処理を並列に行える独
特の回路を持っており、CPU よりもはるかに高速に処理ができます。例えば 3D のゲームな
どでは高精細な画像を 1 秒間に何十回も描画する必要があるので、GPU の性能によって動画
の滑らかさが変わってきます。テレビ会議も一般的になってきたので、3D ゲームをしない人
でも GPU の恩恵はあります。

デスクトップ型のパソコンの場合には、グラフィックボードやビデオカードと呼ばれるパー
ツにより、GPU を追加・交換することができます。ノートパソコンの場合には一般に後から
追加や交換はできないので、グラフィックスを重視するならば GPU の有無も確認しておきま
しょう。

なお、GPU はグラフィックス以外の並列演算にも使えるので、近年では AI を支える重要な
部品になっています。

1.1.3　メモリ（主記憶装置）

コンピュータが実行するプログラムやデータを配置するための場所を**メモリ**と呼びます。メ
モリは、電力の供給が止まるとデータを保持できません。スイッチを切ると内容が消えてしま
います。一般論として、メモリ容量は大きいほうがコンピュータ全体としての性能が良くなり
ます。メモリが少ないと、大きなプログラムを動かしたり大きなデータを処理したりすること
が難しくなります。最近のノートパソコンでは後からメモリを増設できない機種が増えている
ので、パソコンを購入するときにはメモリを多めに搭載した機種を選択しておくほうがいいで
しょう。

1.1.4　外部記憶装置（補助記憶装置）

　プログラム本体や処理したデータを保存しておくためには、電源供給が止まっても内容が消えない記憶装置に記録しておく必要があります。このような記憶装置を、**外部記憶装置**や補助記憶装置と呼びます。メモリよりもはるかに大容量であることが一般的です。

　外部記憶装置としては **HDD（Harddisk Drive; ハードディスク）** と **SSD（Solid State Drive; エスエスディー）** が一般的です。一般に HDD のほうが容量が大きく安価ですが、構造上、基本的には衝撃に弱く、物理駆動系があることからコンピュータを構成する部品の中では比較的故障率が高めです。一方の SSD は内部にメモリ素子を用いているため、駆動部分がなく衝撃にも強いといった特徴があります。同容量の HDD と比べると高価ですが、アクセス速度が圧倒的に高速なので、パソコンの外部記憶装置の主流となっています。HDD や SSD も通常パソコンの本体に組み込まれており、簡単に取り外すことはできません。

　リムーバブルメディア（Removable Media）は、取り付け／取り外しが簡単にできる外部記憶装置です。リムーバブルメディアで手軽なのは **USB メモリ**です。より大容量のリムーバブルメディアが必要な場合には、USB で接続するポータブル HDD やポータブル SSD という選択肢もあります。

1.1.5　ネットワーク機能

　現在のパソコンは、ネットワークに接続して利用することが当たり前になっており、単体で使うことはまず考えられません。ケーブルで接続する有線接続と、電波で接続する無線接続があります。

　現在のパソコンの有線インターフェースは 1Gbps の通信速度をもつ Gigabit Ethernet という種類が一般的で、UTP ケーブルと呼ばれるケーブルで接続します。10Gbps の通信速度に対応する機種も登場しています。なお薄型のノートパソコンの中には UTP ケーブルを挿せるコネクタがないこともあります。その場合には USB-イーサネットアダプタなどの変換装置が必要です。

　無線接続は、ケーブルで接続する代わりに電波で通信する方式で、無線によるネットワーク接続は通常 **Wi-Fi** と呼ばれています。ノートパソコンやタブレットなどのポータブルな情報機器は、Wi-Fi に対応しているのが普通です。有線に比べると速度面ではやや劣りますが、ケーブルを取り回す必要がなく手軽に使うことができます。なおキーボードやマウス、イヤホンなども無線で接続するものがあります。こちらの無線方式は **Bluetooth**（ブルートゥース）と呼ばれており、Wi-Fi とはまったく異なるものです。

1.2　ソフトウェアの構成

パソコン、ゲーム機、スマートフォンなどは「汎用コンピュータ」というカテゴリに分類されます。これらは、目的に応じてソフトウェアを取り替えることで、同じハードウェアで様々に異なる処理を行うことができることから「汎用」と呼ばれます。専用目的の組み込みコンピュータの場合には、ソフトウェアは制御プログラムということになり、通常、書き換えができないメモリに記録されています。

パソコンのソフトウェアは、「オペレーティングシステム」と「目的ごとのソフトウェア」とに分けられます。「目的ごとのソフトウェア」は、**アプリケーションソフトウェア**と呼びます。アプリケーションソフトウェアというのは長いので、単に「アプリケーション」「アプリ」のように略されます。

1.2.1　オペレーティングシステム

オペレーティングシステム（Operating System; OS）とは、アプリケーションとハードウェアの間、あるいはコンピュータと人の間をつなぐ橋渡しの機能を提供するソフトウェアです。基本ソフトウェアと呼ぶこともあります。汎用コンピュータ上で実行されるソフトウェアには、その目的によらず共通な処理が多く存在します。この部分を一つの専用のソフトウェアとしてまとめたものが OS の始まりです。

コンピュータで動作する OS には様々なものがあります。パソコン用の OS としては Microsoft 社の Windows や Apple 社の macOS、オープンソースから発展した Linux（リナックス）などが有名です。スマートフォンやタブレット型端末では、Apple 社の iOS や iPadOS、Google 社の Android などがあります。

1.2.2　アプリケーションソフトウェア

文書を作成するためのワードプロセッサ、統計計算やグラフ作成などに便利な表計算ソフトウェア、プレゼンテーション用のソフトウェア、Web ブラウザなどは、すべてアプリケーションです。ほかにも音楽再生、動画編集、ゲーム、ファイル共有ソフトウェアなどもあります。

アプリケーションは、その目的を達成するために OS の機能を利用しているので、ある特定の OS 用に作られたアプリケーションは他の OS 上で動かすことは通常できません。アプリケーションを入手するときには、自分のパソコンの OS に合ったものを入手しないと動かないのです。

アプリケーションは店頭やインターネット上で入手し、設定することで使えるようになります。アプリケーションをパソコンで使えるようにする一連の処理を「インストール」と言います。パソコンを購入すると、Web ブラウザやお絵描きソフトなど、いくつかのアプリケーションが最初から使える状態になっています。これらは「プリインストールされている」と言います。

1.3　ファイルとフォルダ

コンピュータで取り扱われるデータには、文書、画像、音楽、動画など様々なものがあります。これらのデータは「一つの文書」「一つの画像」といった単位で操作できると便利です。コンピュータではこれを**ファイル**と呼んでいます。スマートフォンやタブレットでは、アプリで使用するデータはそれぞれのアプリの中でのみ扱われることが多いので、利用者がファイルを意識することはほとんどありません。例えば音楽再生アプリの場合、データは「曲」として認識されるだけです。分類もアーティスト名やアルバム名などで並べ替える程度です。

しかしパソコンでは、ほぼすべてのデータはファイルとして管理されており、しかもそれらを利用者自身が自由に操作できるようになっています。複数のアプリから同じファイルにアクセスすることができます。またアプリ自身もまたファイルとして管理されています。パソコンを使いこなす上で、ファイルやフォルダを理解することが重要です。

1.3.1　ファイルの形式とファイル名

パソコンでファイルを扱うときには、そのファイルの中身を正しく解釈できるアプリが必要です。例えば画像データが格納されたファイルならば、画像を表示するアプリや編集するアプリ、音楽データが格納されたファイルならば音を再生するアプリが必要です。

ファイルは、その中味の形式によってテキストファイル、画像ファイル、バイナリファイル[1]、実行ファイルなど呼んで区別することがあります。

ファイルは通常、**ファイル名**、作成／修正／最終アクセス日時、サイズ、所有者、利用許可権などの付加情報と共に管理されています。ファイル名の最後の部分には、ファイルの中味の形式が判別できるように「.txt」「.docx」「.xlsx」「.jpg」といった文字列がついています。この「.」より後の部分を**拡張子**と呼びます。ファイル名の拡張子を変更してしまうと、実際のファイルの中身と合わなくなるため、ファイルが開けなくなります。

表 1.1　ファイルの種類とアプリケーションの対応

データの種類	ファイル名の拡張子	対応アプリケーション
画像	bmp, jpg, gif, png など	画像ビューアや画像編集ソフト
Web のデータ	html, htm など	Web ブラウザ
ビジネス文書	docx, xlsx, pptx など	Office 系のソフトウェア
PDF 文書	pdf	Adobe Acrobat Reader など
アーカイブ文書	zip	アーカイブソフト
実行ファイル	exe	―

---

[1] ファイルの中身が文字データではないものはすべてバイナリファイルです。

　Windows や macOS などでは、初期状態では拡張子が表示されていません。これは利用者が誤って拡張子を変更してトラブルになるのを防止するためと考えられます。しかし拡張子が見えないと、どの種類のファイルなのかをアイコンだけで判断することになり、文書ファイルに見せかけた実行ファイルをうっかり実行してしまうなど、セキュリティ上の問題があります。ファイルの拡張子は常に表示させておいた方が安全です。ファイルの拡張子が表示されていないときには、表示されるよう設定を変更しておきましょう（図 1.3.1）。

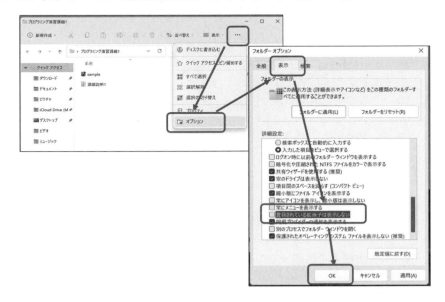

図 1.3.1　拡張子を常に表示するように設定する

1.3.2　PDF ファイル

　PDF（Portable Document Format）は、環境が変わっても文書が同じように表示されることを保証するために、Adobe 社が規約を定めたファイル形式です。PDF ファイルには様々な機能があり、すべてを正しく表示するには Acrobat Reader というアプリが必要です。しかし単純な構成の PDF ファイルであれば Web ブラウザなどでも表示できるようになったので、スマートフォンなどでも閲覧できるようになりました。

　PDF ファイルを作成するために特殊なアプリは必要ありません。Windows や macOS の印刷ダイアログの中から「PDF で保存」を選択するだけです。アプリによっては直接 PDF ファイルを書き出せるものもあります。

　PDF ファイルを後から変更するには専用のアプリが必要であり、変更は簡単ではありません。そのため、書き換えられたくない最終版の文書の形式としても PDF はよく利用されます。授業の配布資料が（編集可能な）Office のファイルそのままではなく、PDF ファイルに変換してから配布されることが多いのはそのためです。レポート類も PDF での提出を求められることがあります。

1.3.3　ZIP ファイル

　ZIP ファイルは「アーカイブファイル」と呼ばれる種類のファイルで、複数のファイルをまとめて一つのファイルに変換したものです。ZIP ファイルにすることで、複数のファイルをやり取りする代わりに一つのファイルをやり取りするだけでよくなります。また ZIP ファイルにまとめるときにはデータサイズを小さくするための圧縮処理も行われるので、トータルのファイルサイズが小さくなります。

　ZIP ファイルにまとめる処理は「圧縮」、ZIP ファイルから個々のファイルにバラバラにする処理は「展開」あるいは「解凍」などと呼びます。圧縮も展開も Windows や macOS の機能で行うことができます。

中身の表示と展開：　Windows のエクスプローラでは、ZIP ファイルを展開せずに中にあるファイルの内容を確認できます。ZIP ファイルをダブルクリックすると、フォルダの中を見ているのと似た画面になります。

　中のファイルの編集や実行を行う場合にはきちんと展開する必要があります。画面中の「...」から「すべて展開」を選択すると、実際に展開されたフォルダが作成されます。

（フォルダの）圧縮：　複数のファイルを含んだフォルダを丸ごと一つの ZIP ファイルに変換するには、対象のフォルダアイコン上で右クリックし、ポップアップメニューの中から「ZIP ファイルに圧縮する」を選択します（図 1.3.3）。元のフォルダと同じ階層に ZIP ファイルが作成されます。

1.3.4　フォルダを使ってファイルを整理

　これから大学の授業の中で講義資料やレポート作成など、多くのファイルを取り扱うことになります。これらのファイルは、Windows では「マイドキュメント」という場所に保存されます。しかし授業の数が多くなると、マイドキュメントの直下に種類や目的の異なるファイルが混在してしまい、目的のファイルを見つけるのが難しくなります。

　フォルダ[2]を使うと、ファイルを目的毎に区分けして整理することができます。フォルダとは、ファイルを入れておくことができる箱のようなものです。例えば大学の授業用とプライベート用とでフォルダを分けたり、また授業毎にフォルダを分けたりするとぐっと使い易くなります。フォルダの中にさらにフォルダを作成することができるので、例えば「プログラミング演習のフォルダ」の中にさらに「課題毎のフォルダ」を作る、といったことができます。普段から、フォルダを使ってファイルを整理する習慣をつけましょう。

　受講が終わった過去の授業のフォルダは、フォルダごと ZIP ファイルに変換すると外部記憶装置の容量の節約になります。当分アクセスしないならば、さらにポータブル SSD などに移しておくと良いでしょう。

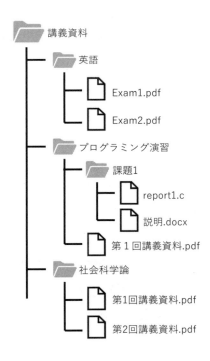

図 1.3.2　フォルダを使ってファイルを整理する

---

[2] Linux 系の OS ではフォルダを「ディレクトリ」と呼びます。

1.4　操作の基本

1.4.1　文字の入力

1.4.1.1　パソコンで取り扱われる「文字」

パソコンでは「A」や「あ」のように目にみえる文字だけでなく、空白をあけたり行を変えたりする制御も「文字」として扱われます。それぞれ空白文字、改行文字と呼びます。

文字を入力する時には、いわゆる「半角文字」と「全角文字」を区別することが重要です。情報システムにログインするときの認証 ID やパスワード、メールアドレスなどを入力するときには、「半角」で入力しなければいけません。また、Excel などで数値や式を入力するときも「半角」で入力しなければいけません。

「半角」「全角」という呼び方は、昔のコンピュータで英数文字の文字幅が漢字の半分の幅だったことに由来しています。本当は文字コードの違いなのですが、大まかに英数字と日本語の違いと思っていて問題ありません。

1.4.1.2　キーボード操作

パソコンに文字を入力するには、通常、キーボードを使います。いちいちキーを見ずに打つことを**タッチタイプ**といいます。タッチタイプができるようになると、キーボードを使うことへの抵抗感がなくなってきます。

まず、基本となる半角文字の入力方法を確認しましょう。キーボードに並んでいるキーには様々な記号や文字が書いてあります。英字とひらがなの2つだけ書いてあるキーから4つの文字が書いてあるキーまであります。以下、特によく使用するキーについて説明します。

英数キー：　英数字が書かれているキーを押すと、その英数字の小文字が入力されます。例えば「A」と書かれているキーを押すと小文字の「a」が入力されます。大文字の「A」が出てくる場合は、CapsLock が有効になっているので左の Shift キーの周辺にある「caps lock」キーを一度押して解除しましょう。

改行キー：　改行キー（Enter キー）は、キーボードの右のほうにある大きなキーです。このキーを押すと「改行文字」が入力され、次の行に移ります。「Return キー」と呼ばれることもあります[3]。

Shift キー：　Shift キーはキーボードの両端に配置されています。Shift キーを押しながら英字キーを押すと大文字が入力されます。この操作を「Shift+A」のように表記します。キートップの上段に記号が書いてある場合には、Shift キーを押しながらそのキーを押せばその記号が入力できます。例えば「!」は「Shift+1」で入力できます。

スマートフォンなどでは2つのキーを同時に押すことが難しいので、Shift キーを押して離してから A を押すという2段階の操作でも入力できるようになっていますが、パソコンでは、先に Shift キーを押し下げ、そのまま続けて英数キーを押します。

---

[3] 本来は Return キーと Enter キーは別の機能です。

カーソルキー：　画面上で文字が入力される場所には「｜」縦棒のマークがあります。この
　　　　　マークのことをカーソルと言います。文字を入力するとカーソルに位置に入り、カーソ
　　　　　ルは右にずれていきます。カーソルはキーボードの ← → ↑ ↓ で移動できるので、こ
　　　　　れらの矢印キーのことをカーソルキーと呼ぶことがあります。
削除キー：　文字を削除するときには BackSpace キーや Delete キーを使います。なお、
　　　　　BackSpace キーや Delete キーのキートップには記号しか書かれていないことがありま
　　　　　す。一般には改行キーのすぐ上のキーが BackSpace キーになっています。BackSpace
　　　　　キーではカーソルの左側の文字が削除され、Delete キーではカーソルの右側の文字が削
　　　　　除されます。入力ミスした直後に直すときには、カーソルが直したい文字のすぐ右にあ
　　　　　ることが多いので、通常は BackSpace キーを使うことになります。「改行文字」を削除
　　　　　することで 2 つの行を繋げることができます。

1.4.2　日本語の入力

　「半角」と「全角」の文字の入力を切り替えるには、キーボードの左上の方にある「半角/全
角」キーを押します。このキーのキートップの表記はキーボードによって「英数と漢字」「英数
とかな」といくつかのバリエーションがあります。

　日本語の入力方法にはいくつか種類がありますが、一般的なのは、まずローマ字入力方式で
かなを入力し、その後に漢字に変換する方法です。

　漢字への変換のタイミングは利用者がスペースキーなどで明示的に指示することもできます
し、入力するそばから自動的に漢字に変換されていく方法もあります。日本語には同音であっ
ても意味によって異なる漢字を使用するものが多数あります。そのため、変換候補が複数ある
場合には、適切なものを選択する操作を挟みながら確定していきます。

1.4.3　画面操作の用語

　現在の情報機器のほとんどはグラフィカルなユーザインタフェースを持っており、文字入力
以外の操作であれば直感的にできるようになっています。パソコンでは、基本的にマウスや
タッチパッドなどでポインタ（画面上の矢印）を操作し、クリックやダブルクリックといった
操作を行います。一方、スマートフォンやタブレットなどではタッチパネルを採用しているの
で、画面を直接触れて操作します。

　操作には様々な種類があります。表 1.2 と表 1.3 に主な操作の名称を挙げておきます。何気
なく操作していると思いますが、操作方法を人に説明するときに必要になるので覚えておきま
しょう。

　なお、最近のノートパソコンのタッチパッドは、二本指、三本指の操作を認識します。スク
ロールや画面切り替えなど知ってると便利な機能がたくさんあるので、通常の操作に慣れた
らどのようなものがあるか調べてみましょう。

表 1.2　主なポインタ操作

名称	動作
ポイント (point)	ポインタを目的の対象物の位置に移動する動作。
プレス (press)	マウスのボタンを押し下げる動作。クリックではなく押し下げたままにすることを強調したいときによく使う。
リリース (release)	押し下げていたマウスのボタンを離す動作。
クリック (click)	マウスのボタンをプレスしてすぐリリースする動作。「カチッ」。ダブルクリックではないことを明示したいときには「シングルクリック」と呼ぶこともある。マウスに複数のボタンがある場合には、左クリック、右クリックのように呼ぶ。
ダブルクリック (double click)	マウスのボタンを素早く 2 回クリックする動作。「カチカチッ」。間隔が空きすぎるとシングルクリック 2 回になってしまう。
ドラッグ (drag)	対象物上でプレスし、そのままポインタを移動する動作。
ドラッグアンドドロップ (drag-and-drop)	対象物上でプレスし、そのままポインタを移動し、目的地でリリースする動作。ファイルをフォルダの中に入れる時によく使う。

表 1.3　主なタッチ操作

名称	動作
タップ　(tap)	画面に触れて素早く離す動作。「トン」。クリックに相当。
ダブルタップ	画面を素早く 2 回タップする動作。「トントン」。
長押し	画面に触れ、そのまま触れ続ける動作。プレスに相当。
スワイプ/フリック (swipe/flick)	画面に触れた指を離さずに画面上を滑らせる動作。フリックはスワイプと基本的に同じ動作だが、移動距離が短くはじく感じ。
ピンチイン (pinch-in)	2 つの指で画面に触れ、画面から指を離さずに、指の間隔を狭めるように画面上を滑らせる動作。
ピンチアウト (pinch-out)	2 つの指で画面に触れ、画面から指を離さずに、指の間隔を広げるように画面上を滑らせる動作。

1.5 演習問題

演習 1. 自分のパソコンのコンピュータ名を調べてみましょう。

演習 2. 自分のパソコンの OS の種類とバージョンを調べてみましょう。

演習 3. 自分のパソコンのメモリ容量、ストレージの容量を調べてみましょう。

演習 4. 個人で契約しているクラウドストレージの容量を確認しましょう。Microsoft アカウントを利用している場合は、OneDrive の領域が割り当てられています。

演習 5. 基本的な文字入力の方法を確認しておきましょう。
- キーボード上での文字の大まかな位置がわかる
- 半角文字と全角文字の区別ができる
- 英語入力と日本語入力の切り替えができる
- =, <, >, ? などの入力ができる
- 漢字変換ができる

演習 6. 基本的なウィンドウ操作ができるか確認しておきましょう。
- デスクトップ、アイコン、メニュー、タスクバーなどが何を指しているのか説明できる
- ウィンドウの最大化、最小化、サイズ変更ができる
- 複数のウィンドウの切り替えができる

演習 7. フォルダやファイルの操作について確認しておきましょう。
- フォルダの作成ができる
- ファイルやフォルダの移動やコピーができる
- ファイルやフォルダの名前の変更ができる
- ファイルやフォルダの削除ができる
- 目的のファイルやフォルダの検索ができる
- ファイルの保存ダイアログで意図したフォルダに保存できる

演習 8. ファイルの拡張子を表示するように設定しましょう。様々なファイルの拡張子を確認してみましょう。

演習 9. キーボードをよく見ると、F と J のキーだけ突起がついていると思います。この突起が何のためにあるのか考えてみましょう。

演習 10. Web 上のキーボード練習ソフトを探して、タッチタイプの練習をしてみましょう。

第2章

BYODに向けて準備をしよう

　かつては情報処理やプログラミングの授業のために、大学がPC教室を整備するのが一般的でした。しかし現在では、レポート作成、プレゼンテーションを求められるアクティブラーニング科目など、一般の科目でもパソコンを使う場面が増えています。そこで、大学が用意したパソコンではなく私物の機器を活用しようというのがBring Your Own Device（**BYOD**）と呼ばれる考え方です。

　ここでは私物のパソコンを大学での学習環境として活用できるよう準備しましょう。

2.1　ネットワークに接続しよう

　大学内の様々な情報システムにアクセスするには自分のパソコンやスマートフォンを大学のネットワークに接続することが必要です。また、より高度なパソコンの設定方法などの情報が大学のWebサイトに掲載されていることがあります。最近では、ケーブルではなくWi-Fiで接続するのが一般的です。パソコンを学内ネットワークに物理的にケーブルで繋ぐ場合には「繋げた感」があってわかりやすいのですが、Wi-Fi（電波）は目に見えないのでイメージが湧きにくいかも知れません。Wi-Fiを使う場合、電波が届く範囲に複数の接続先候補が存在することがあります。これらの接続先候補のことを**アクセスポイント**（Access Point; AP）と呼びます。一般にアクセスポイントは**SSID**と呼ばれる情報で識別します。

　通常、SSIDを指定しただけではアクセスポイントに接続できず、何らかの追加の設定が必要です。家庭向けのアクセスポイントや店舗のWi-Fiスポットでは、アクセスポイント固有のパスワードを入力する方法が一般的です。しかし大学や企業といった大きな組織では、利用者個人を識別するための認証IDとパスワードを入力する方法を採用しています。

　アクセスポイントに接続するときに必要となるパスワードなどの追加情報は、一度設定すればパソコンやスマートフォンが記憶してくれます。次回からはそのアクセスポイントの電波が受信できるエリアに入っていれば自動的に接続されます。パスワード変更などによりパソコンに記憶されている情報では接続できなくなった場合には、その設定情報を手動で削除すれば登録し直すことができます。

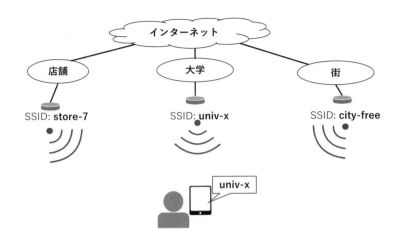

図 2.1.1 Wi-Fi では SSID を指定することで接続先を選択する

eduroam

　eduroam とは、大学等の教育研究機関の間で無線 LAN の相互利用を実現する国際無線 LAN ローミング基盤です。（URL https://www.eduroam.jp/）

　ローミングというのは「場所が変わってもサービスが同じように使える」ことです。eduroam 参加機関に所属している人は、他所の参加機関に行ったときに "eduroam" という SSID のアクセスポイントに接続すればインターネットが利用できます。2023 年 12 月時点で国内 409 機関、世界約 106 か国が eduroam に参加しています。

　eduroam に接続するときに使用する ID とパスワードは、自分が所属する組織のものを使います。ただし、認証連携するために所属組織の情報を含む必要があるので、学内の通常の無線 LAN に繋ぐときとは形式が異なるかも知れません。なお、eduroam は他所の組織からきた人が接続することを想定しているので、学内の情報システムへの通信は通常制限されます。自組織で eduroam に接続するメリットはありません。

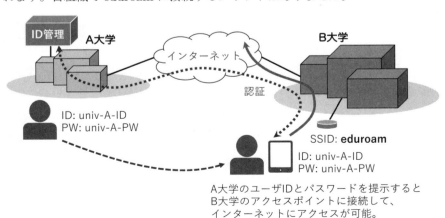

2.2　Office ソフトを使えるように準備しよう

　大学生活の中では、レポートを作成したり、授業やゼミで発表をしたりする機会が多くなります。レポート作成のためには、情報の検索や収集、データの分析を行うことも必要になります。こういった文書・表計算・プレゼンテーションの資料を作成するスキルは、大学だけでなく企業に入ってからも仕事をする上で必須のものとなっています。

　このような資料を作成するためのソフトウェアのセットを「Office ソフト」「Office Suite（スイート）」と呼びます。Office ソフトは、"Office" という名前の単一のアプリケーションではなく、文書作成ソフト、表計算ソフト、プレゼンテーションソフト、といった複数のソフトウェアの集合体です。

　Office ソフトは学習の場で標準的に使うことから、大学が、学生の私物パソコンでも利用できるライセンス契約を結んでいることがあります。その場合、そのライセンスの元で使用するための特殊なインストール方法が大学から指示されるはずです。指示に従ってインストールしましょう。

　Office ソフトのダウンロードとインストールには時間がかかります。授業中ではなく、自宅で時間があるときに行いましょう。また大学の認証 ID でサインインしないと機能が十分に使えません。

━━ 様々な Office ソフトウェア ━━

　家電量販店等でパソコンを購入すると Office ソフトがプリインストールされていることがありますが、PowerPoint が含まれていないなど、大学で必要なものが揃っていないこともあります。足りないソフトを後から購入しようとすると意外に高価なことに驚くでしょう。

　Office ソフトとしては **Microsoft Office** が有名ですが、同様の機能を持つ製品は実は他社からも出ています。中には **LibreOffice** のように無料（寄付歓迎）のものもあります。また Web ブラウザ上で同様の機能が実現できるクラウドサービスも提供されています。有名なのは **Google Workspace** です。これらのソフトでも Microsoft Office で作成したファイルの編集ができますので、Office の基本的な機能しか使わないのであれば、これらの無料サービスでも十分です。

　しかしすべての機能が同じではないので、他の人と資料をやり取りする場合には相手と同じソフトウェアを利用するほうがトラブルが起きません。

　講義などでは Microsoft Office 特有の機能を利用するかも知れません。大学がライセンスを提供しない場合には、代替アプリでも問題ないか授業担当教員に確認しておくのが安全です。

2.3　メールが送受信できるか確認しよう

2.3.1　メールサービスとメールアドレス

　家族や親しい友人などとのメッセージのやり取りでは、メッセージング系のスマートフォンアプリを利用することが一般的です。これらのツールは、通信相手を事前に「友人」として登録します。こういったメッセージサービスは「閉じたサービス」であり、個々人をサービス内でのみ有効なユーザ ID で識別しています。知人として一旦ユーザ ID を登録してしまえば、相手のユーザ ID を意識することなく簡単にやりとりができるのが特徴です。

　一方、メールサービスは、それほど親しくない、あるいは、まったく知らない人にも連絡をとることができるコミュニケーションツールです。メールは「開かれたサービス」なので、特定の情報システムに限定されていません。全世界規模で様々な情報システムが連携してメールの配送が行われます。

　大学では皆さん一人ひとりにメールアドレスが付与されます。大学の事務や教員から皆さん全体への連絡は掲示板やポータルサイトを通して行われますが、個別の連絡は一人ひとりのメールアドレスに対して行われます。メールチェックを怠ると著しい不利益を被ることがあります。

キャリアメールじゃだめなの？

　大学のポータルサイト等に自分の連絡用メールアドレスを登録できることがあります。そのときに、「着信にすぐ気が付くから」という理由でキャリアメール（携帯会社独自のメール）のアドレスを登録する人が結構います。しかし正しく登録しても実際にはポータルサイトからの通知メールを受け取れていないことがあります。キャリアメール側のセキュリティ設定でキャリア以外からのメールが着信拒否になっていることがあるからです。

　着信拒否されていないか確認するには、自分の大学のメールアドレスからキャリアメールのアドレスにメールを送ってみます。少し待ってもメールが届かない場合、別人宛に送ってしまったか、キャリアメールのセキュリティ設定でブロックしているかです。ブロックされた場合でも、エラー通知メールがくるとは限りません。自分で送るとメールが届くのにポータルサイトからのメールがまったく来ない場合は、ポータルサイトに登録したメールアドレスが間違っています。

　将来キャリアメールのアドレスを変更したときには、ポータルサイトに登録したメールアドレスも再設定しなければなりません。しかし実際のところ、ほとんどの人が再設定を忘れます。ポータルサイトからのメールは送信エラーになっていますが、そのことを大学から連絡することはありません。

　大学からのメールが受け取れないと重要な連絡を見逃すことになるので、登録するメールアドレスは在学期間を通して使うことを念頭において決めましょう。大学のメールアドレスをそのまま活用することはとても良いように思います。

2.3.2 Web メール特有の注意点

メールの送受信は、メールアドレスによって定まる郵便受けやポスト役の情報システムにアクセスすることで行います。かつてはパソコン上でメーラー（Mailer）と呼ばれる専用のアプリケーションを使うことが多かったのですが、最近は Web ブラウザがあればどこからでもメールの読み書きができる、クラウド型のメールシステム（**Web メール**）が普通になってきました。

Web メールでは、Web ブラウザでアクセスしてみるまで新しいメールが届いているかわかりません。新着メールの到着頻度が低いとどうしてもメールチェックを怠りがちになります。

Web メールはスマートフォンの Web ブラウザでもアクセスできますが、実はスマートフォンのメールアプリでアクセスするようにも設定できます。スマートフォンのメールアプリは通常、キャリアのメールアドレスに紐づけて設定しますが、それに加えて大学のメールアドレスも読み書きできるように設定するのです。

Web メールのサービスを提供している企業がスマートフォン用の専用メールアプリを提供していることもあります。このようなメールアプリでメールが読めるように設定しておくと、アプリが新着メールの有無を定期的にチェックして知らせてくれます。ただし、届いたメールに添付ファイルがついているときには、スマートフォン用のアプリでは開けないことがあります。そのときはパソコンから改めて Web メールにアクセスして添付ファイルの内容を確認しましょう。

━━ 大学のメールアドレスはいつまで使える？ ━━

大学で発行されるメールアドレスは在籍期間のみ有効です。基本的には大学卒業とともに使えなくなると思ってください。大学院に進学する場合でも、大学によっては学部と大学院とでメールアドレスが変わることがあります。

そのため先方とのメールのやりとりが卒業前後の時期にかかる場合には、大学のメールアドレスを使用しないほうが安全かも知れません。例えば学会に論文を投稿した際の連絡用アドレスや、就職活動で先方に伝える連絡先アドレスは、途中で変わってしまうと連絡が取れなくなり不利益を被ることになります。どうしたら良いかわからなかったら、指導教員や就職担当に相談しましょう。

2.3.3　送信時の注意点

メールを送信するための操作自体はそれほど難しいものではありませんが、あまり親しくない人にメールを送るときにはいくつか注意すべきポイントがあります。

相手のメールアドレスを間違えていないか　よく確認する。

メールアドレスを間違えると、送りたい相手にはもちろん届きません。間違えたメールアドレスがたまたま他人のメールアドレスとなっていた場合には、その人にメールが届いてしまい、意図しない情報漏洩に繋がります。

適切な件名をつける。

仕事でメールを利用する人は、一日に数十件以上のメールを処理しています。そういう人は件名を見てメールを処理する優先順位を判断します。ときによっては件名だけで迷惑メールと判断することすらあります。

本文の冒頭で自分の名前を書く。

メールはアドレス帳に登録されていない人からも届きます。受け取ったメールには差出人のメールアドレスが含まれていますが、メールアドレスだけでは差出人が誰なのか、すぐに思い浮かべることはできません。「自分が誰なのか」を本文冒頭で名乗ると親切です。

2.3.3.1　悪い例／良い例

佐藤太郎さんが授業欠席の連絡を○○△□先生宛てにメールする状況を考えてみましょう。図 2.3.2 はあまり良くない例です。

```
From: guess-who@dokoka.example.com
To: maru-sankaku@univ-A.example.ac.jp
Subject: 佐藤です


明日の授業欠席しまし。
```

図 **2.3.2**　授業欠席のメールの例

このメールは以下の点が問題です。

- Subject から用件が伝わりません。自己紹介のメールかと思ってしまいそうです。
- 大学の公式なメールアドレス以外から送信しているため、誰が送ったのか確証が持てません。「佐藤さん」は（おそらく）何人もいます。事務的な連絡は大学のメールアドレスから送るようにしましょう。
- タイプミスが残っています。完全になくすのは難しいかもしれませんが、誤字脱字がないか送る前に一度はチェックしましょう。

- ○○△□先生は複数の授業を持っているかもしれません。この本文からはどの授業なのかわかりません。○○△□先生には「明日」がいつのことなのか、すぐにわからないのも問題です。送信日時をよくよくチェックすればわかりますが、メールを読むのが翌日になっていたら勘違いしそうです。

改善した例を図 2.3.3 に示します。

```
From: 23c5678q@univ-A.example.ac.jp
To: maru-sankaku@univ-A.example.ac.jp
Subject: 9 月 4 日の情報処理概論の授業を欠席します


○○△□先生


○○学部○○学科の 23c5678q 佐藤太郎です。
体調不良のため、明日 9 月 4 日 3 コマ目の情報処理概論の
授業を欠席いたします。よろしくお願いします。
```

図 2.3.3　改善した授業欠席のメールの例

2.3.4　添付ファイルの送信

　メールは、歴史的にはテキストデータを送受信するための仕組みとして誕生しましたが、添付ファイルという形で、文書ファイル、画像や音声のデータなども送信できるようになりました。添付ファイルとして送信するファイルは単にデータとして運ばれるだけなので、メーラーや Web ブラウザが直接取り扱えないファイル形式でも問題ありません。添付ファイルを受け取った方は、添付ファイルを保存し、そのファイル形式を直接取り扱える別のアプリケーションで開けばいいのです。

　ファイルを添付して送信するときには、メール作成画面で添付したいファイルを取り込むための操作をします。大抵は直感的に操作できるようになっていますが、具体的な操作方法は Web メールのサービスやメーラーによって異なります。

　なお、メールのサイズには上限があるので、それを超えてしまう大きさの添付ファイルを送ることができません。一般的には数十 MB 程度が限界です。これを超えるデータを相手に渡したいときには別の手段を考える必要があります。またセキュリティ上の理由で、実行形式のファイルの添付ファイルを受け取らない設定になっている組織もあります。

2.3.5　エラー通知メールが届いたら

　メールを送信した直後に、"MAILER-DAEMON" や "Mail Delivery Subsystem" という見慣れない差出人から図 2.3.4 に示すような英文[1] のメールが届くことがあります。これは**エラー通知メール**と呼ばれるもので、「あなたが送ったメールを相手に配送することができなかった」ことを通知するために、エラーを検出したメール配送システムから自動送信されるメールです。Web メールの場合には、図 2.3.5 に示すように日本語に翻訳して表示してくれることもあります。

　エラー通知メールの本文中には、相手に配送できなかった理由（何が起きたのか）が記述されています。「英語の変なメールが来た」で終わらせると、重要なメールが相手に届いていないことに気づかずに、不利益を被ることがあります。きちんと目を通し、適切に対処するようにしましょう。

　以下に、エラー通知メールに含まれる典型的なキーワードの意味と対処方法を示します。

Unknown user
　　　意味：　宛先のメールアドレスのユーザ（@より前の部分）が存在しない。
　　　対処：　宛先のメールアドレスを間違えていないか確認する。

Host unknown
　　　意味：　宛先のメールアドレスのホスト（@より後ろの部分）が存在しない。
　　　対処：　宛先のメールアドレスを間違えていないか確認する。

Message size exceeds ...
　　　意味：　メール（大抵は添付ファイル）のサイズが大きすぎる。
　　　対処：　添付ファイルが複数あるなら数回に分けて送る。
　　　　　　　一つが大きい場合にはメール以外の方法で受け渡す。

Disk quota exceeded.
　　　意味：　受信者のところで空き容量が足りなくてメールが保存できなかった。
　　　対処：　受信者に（メール以外の方法で）メールが溢れていることを伝える。

――― メールが送れない！ ―――

以下のような理由で、宛先アドレスが正しいのに送れないことも稀にあります。組織の相談窓口に問い合わせてください。その際、メール送信ができなかった日時と宛先、エラー通知メールの内容を伝えましょう。

- 誰かが迷惑メールを送ったために組織全体がブラックリストに登録された。
- 一度に多くの宛先に送ろうとして迷惑メール送信者だと判断された。
- 相手にブロックされた。

---

[1] メールの配送は全世界規模なものなので、日本国内同士のメール送信に関するエラー通知であっても、エラー通知メールは英文になります。

```
This is the mail system at host univ-A.example.ac.jp.

I'm sorry to have to inform you that your message could not
be delivered to one or more recipients. It's attached below.

For further assistance, please send mail to postmaster.

If you do so, please include this problem report. You can
delete your own text from the attached returned message.

              The mail system

<xxxxx-zzzzz@docoka.example.net>: host mfsmax.docoka.example.net[123.45.67.89]
said:
    550 Unknown user dareka@docoka.example.net (in reply to RCPT TO command)
Reporting-MTA: dns; univ-A.example.ac.jp
X-Postfix-Queue-ID: E6BAD9FB99
X-Postfix-Sender: rfc822; 23c5678q@univ-A.example.ac.jp
......
<以下 メッセージが続く>
```

図 2.3.4　エラー通知メールの例

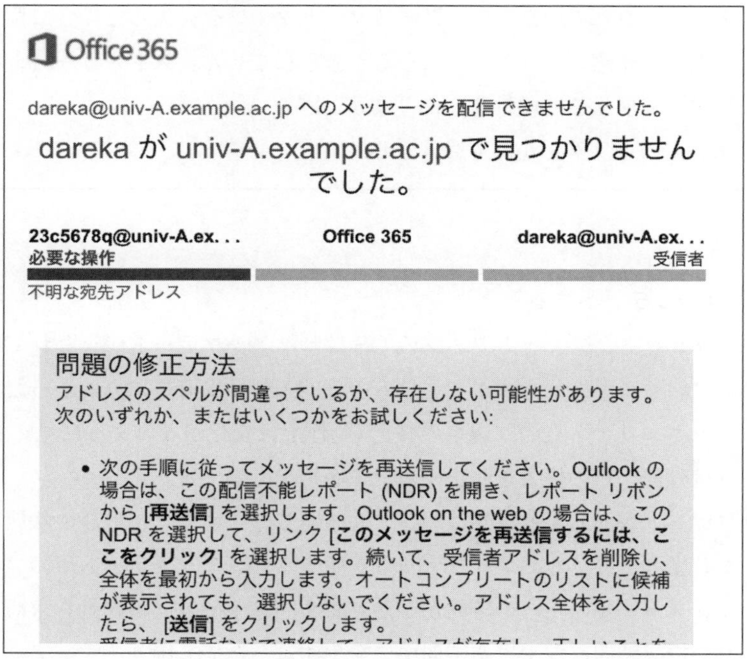

図 2.3.5　クラウドメールシステムのエラー通知メールの例

2.4　セキュリティを強化しよう

2.4.1　パソコンやスマートフォンにロックをかける

　私物の情報機器を持ち歩くようになると、どうしても紛失や盗難のリスクが高くなります。拾った人や盗んだ人が勝手に中の情報にアクセスすると、情報漏洩につながる恐れもあります。情報漏洩がおきると多くの人に迷惑をかけることになり、関係者に謝罪したり、場合によっては賠償しなければなりません。パソコンが紛失しただけでも十分ショックなのに、まるで加害者のような扱いになります。

　パソコンを紛失したときに被害を最小限にするためには、拾った人が中の情報にアクセスできないよう予防措置を講じておくことです。具体的には、パソコンを起動したとき、あるいはスリープが解除されたときに、必ずパスワードを入力しなければならないように設定します。パスワード入力の代わりに PIN コードと呼ばれる短い桁数の番号を入力するものや顔認証、指紋認証などが使用できるものもあります。そういったものでも構いません。

── スマートフォンのロック、かけてますか ──

　ロック解除が面倒だから、という理由でスマートフォンのロックをかけない人がいます。スマートフォンも立派な情報システムであり、内部には自分だけでなく多くの他人の個人情報が格納されています。X（旧 Twitter）や Facebook などのソーシャルメディアも、スマートフォンアプリが認証情報を記憶しているため、スマートフォンからならパスワードを聞かれることなくアクセスできます。設定変更もたやすいでしょう。

　パスワードロックされていないと、万一スマートフォンを紛失した場合に個人情報が漏洩し、友人に大きな迷惑をかけることになるかもしれません。ストーカー被害などの場合には深刻な事件に発展する危険性すらあります。

　面倒だと思わずにロックをかけておきましょう。

2.4.2　OS をアップデートする

　パソコンやタブレット、スマートフォンの OS は時々アップデートが行われています。アップデートの目的はいくつかありますが、主なものは (1) 製品出荷後に見つかった動作上の不具合の修正と (2) セキュリティ上の問題点の修正 (動作上は変化がないように見える) です。OS のアップデートは外部からの侵入を防止する上で必須のものです。

　新しいアップデートがあるかどうかはいつでも確認できますので、最新の状態になっているか時々チェックしましょう。なおアップデートが始まると、アップデート用のプログラムのダウンロードやインストールのための時間がかかります。途中で数回再起動を求められることもあります。これが授業時間直前や授業時間中に発生するととても困ります。アップデート作業は自宅で時間があるときに行うようにしましょう。

　なお、アップデートと似た言葉に**アップグレード**があります。アップグレードの目的は、OSに対する大幅な機能変更です。新たな機能が追加されることが一般的ですが、それまであった機能がなくなることもあります。今まで動いていたプログラムが動かなくなってしまうこともあるので、重要な作業が進行中のときにはアップグレードは避けておきましょう。

── 市販のセキュリティソフトは必要か？ ──

　セキュリティソフトは、ウイルス感染の恐れがある危険な Web サイトにアクセスしようとしたときにブロックしたり、メールの添付ファイルをスキャンしてウイルスが見つかったら除去したりすることで、ウイルス感染の危険性を大幅に低下させるものです。

　Windows には Microsoft Defender という名前のセキュリティソフトが搭載されています。また macOS にも不審なソフトウェアが勝手に侵入しないような機構が備わっています。市販のセキュリティソフトを入れないからといって、まったくの丸裸ということではありません。これらの基本機能では、ソフトウェアが変わった処理をしようとしたときには利用者に確認を求めます。自分が意図していない動きの場合にはきちんと拒否することが重要です。また、有効に機能するためには、こまめに OS をアップデートしていることが前提です。

　市販のセキュリティソフトは一般に OS の標準機能よりも多くの機能があります。OSの機能だけでは不安だという場合には購入を検討してください。

　セキュリティソフトは、それまでに発見された既知のウイルスの手がかりなどを**パターンファイル**として持ち、そのパターンにマッチするものを検知します。そのためパターンファイルを常に最新に保つことが重要です。

2.5　大学のルールや体制を確認しておこう

2.5.1　情報セキュリティポリシーを確認しよう

　大学の情報資産を安全かつ効果的に活用するために、大学内の情報システムやネットワークを利用するにあたってすべての大学構成員（学生・教員・職員）が守るべきルールとして、**情報セキュリティポリシー**が定められているはずです。

　情報セキュリティポリシーでは、情報セキュリティ対策の基本的な考え方、情報セキュリティを確保するための方針・体制・運用規定・対策基準などが定められています。大学には様々な情報システムや情報資産があるので、それらを網羅するために非常に多くの項目があります。

　一般的に、情報セキュリティポリシーでは以下のようなことが求められています。

- ID やパスワードなどを適切に管理する。（他人に教えない, 利用させない）
- 自分のパソコンをしっかり管理する。（OS やセキュリティソフトを更新する）
- ソフトウェアの不正利用を行わない。

- 学内限定の情報を学外に向けて発信しない。
- 他人を誹謗中傷しない。公序良俗に反する情報発信をしない。

組織の情報セキュリティポリシーに違反すると、アカウントが凍結され、情報システムやネットワークの利用ができなくなったり、悪質な場合には懲戒処分を受けたりすることもあります。

十分注意していたとしても、**インシデント**が発生することがあります。インシデントとは、情報に関わる事故であり、情報の紛失、改ざん、漏洩、災害によるシステムの停止など、情報資産を脅かす現象や事案のことです。事故が実際に発生した状態だけでなく、発生するおそれがある状態もインシデントとして取り扱います。インシデントが発生した場合、それによる被害は個人や学内にとどまらず、社会にも大きく影響し、大学の評判そのものを脅かすこともあります。大学の構成員全員が情報セキュリティポリシーを守ることにより、インシデントを未然に防ぎ、また万一インシデントが発生した場合でも被害を最小限に食い止めることにつながります。

2.5.2　大学の中の相談窓口を確認する

まず確認しておくべきことは、相談窓口の場所です。110 番や交番と同様、いざというときにどこに連絡すればいいか知っておくことは重要です。

大学の中には、パソコンの使い方や学内ネットワークへの接続方法などの相談に乗ってくれる窓口が用意されているはずです。パソコンの使い方や簡単なトラブルなら、友達と相談したり、同様の症状をインターネットで検索したりすれば比較的簡単に解決することがありますが、もし「何かサイバー犯罪に巻き込まれたかも？」と思ったら、相談窓口に相談しましょう。自分一人で対処しようとして、かえって事態を悪化させてしまうケースもあります。

2.6　BYOD パソコン利用上の注意点

2.6.1　パソコンは丁寧に扱いましょう

スマートフォンやタブレットは一枚の板のような構造ですが、ノートパソコンは画面部分とキーボード部分とが折りたためるような構造になっています。この折りたたむ部分（ヒンジ）は物理的に動く部分であり、画面部を支える力が常にかかります。画面部分を持って本体をぶら下げるような持ち方をすると無理な力がかかることになり、壊れることがあります。

またノートパソコンは、畳んだ状態での持ち運びを想定しているので上面や底面は外部からの衝撃に強く作られています。しかし、内側にくる画面やキーボードはそうではありません。畳んだ状態では画面とキーボードの間にほとんど隙間がないので、例えばイヤホンやペンのような硬いものを挟んでしまうと、画面が簡単に割れてしまいます。

最近のパソコンは非常に薄く作られていることもあって修理がしにくく、画面が割れただけでも丸ごと交換になりかねません。丁寧に扱うようにしましょう。

2.6.2　データの消失対策

皆さんがパソコンを日常生活や学修で活用していくときに、突然パソコンが動かなくなる、データが読み出せなくなる、といったトラブルが稀に発生します。原因としては、例えば以下のようなものがあります。

- 飲み物を飲みながら作業をしていたらキーボードにこぼした
- 近くで落雷が発生し電源経由で異常な電流が流れ込んだ
- ウイルスに感染してファイルが破壊された
- USB メモリに書き込んでいる最中に、誤って USB メモリを引き抜いてしまった

万一の事故に備えて、時々データのバックアップをとっておきましょう。ポータブル SSD、クラウド上のストレージサービスなどが利用できます。コスト、容量、転送速度などがそれぞれ異なりますので、目的別に使い分けると良いでしょう。なおクラウドストレージを利用するときにはストレージ側の規約にも注意しましょう。規約違反のファイルをアップロードしたら削除された、という事例も報告されています。

2.6.3　電源の入れ方と切り方

どのような情報機器も、主電源の入れかたと切り方が決まっています。特に電源を切るときには、ある決まった手順を踏むように指定されています。これは情報機器内のデータの整合性を保つためです。面倒に思えてもなるべく守りましょう。

最近の情報機器では、普段はスリープだけで電源を切る必要がないものも増えています。しかし、トラブルが起きたときなどには強制的にリセットしたり電源を切ったりする必要があるかもしれません。手順を必ず確認しておきましょう。

充電されていますか？

BYOD を実施している大学であっても、すべての教室のすべての席にコンセントが用意されていることは稀です。授業中にパソコンをどのように利用するかはそれぞれの授業デザインに依ります。出欠に応えたり授業資料を閲覧するだけならば、それほどバッテリ残量は減りませんし、いざとなればスマートフォンで代用できるかも知れません。しかし文書作成やプレゼンテーション作成といった作業が必要な場合には、パソコンが使えないと授業が成り立たないことがあります。

授業が朝から夕方まであると 8 時間近く大学にいることになります。必要なときにバッテリが切れてしまうことがないよう、フル充電してくるようにしましょう。万一バッテリが無くなったときに備えて AC アダプタも持ち歩くと、休憩時間に充電できるので安心です。

2.7   演習問題

演習 1. 学内の Wi-Fi ネットワークの SSID を確認しましょう。

演習 2. 学内の Wi-Fi ネットワークに接続し、Web ブラウザで次の URL にアクセスできるか確認してみましょう。`https://example.com/`

演習 3. 大学から付与された自分の公式メールアドレスを確認しましょう。

演習 4. 大学の公式メールアドレス以外から、大学のメールアドレスにメールを送ってみましょう。

演習 5. 前の問題で大学の公式メールアドレスに届いたメールに返信してみましょう。

演習 6. 授業担当の教員にメールを送ってみましょう。

演習 7. 授業担当の教員に、小さなファイルを添付したメールを送ってみましょう。

演習 8. Office ソフトがインストールされているか確認しましょう。

演習 9. OS が最新の状態になっているか確認しましょう。（アップデートは授業中には行わないでください）

演習 10. 電源を入れたときやスリープを解除したときに、パスワードを聞かれるようになっているか確認しておきましょう。

演習 11. スリープとシャットダウンのための操作方法を確認しておきましょう。

演習 12. キーボードやマウスの操作を受け付けなくなったときに強制的にパソコンを止める方法を調べておきましょう。実際に実行する必要はありません。

演習 13. 自組織の情報セキュリティポリシーの場所を確認しましょう。利用者向けガイドラインとして、どのようなものがあるでしょうか。

演習 14. インシデント発生の疑いがあるときに、どこに連絡したら良いか確認しましょう。自組織の相談窓口の物理的な場所、メールアドレス、電話番号などがどこに記載されているか覚えておきましょう。

第 3 章

デジタル情報の基礎

3.1 デジタルとは

　現代のコンピュータでは情報をデジタル値（Digital Value）として取り扱っています。「digital」という言葉は digit の形容詞形です。digit はラテン語の digitus からきており、「指」という意味と「数字」という意味があります。「指を折って数えられる」＝「数字で表せる」がデジタルの本質です。「数字」で表現するということは、すなわち、表せる値が離散的になることを意味します。

　一方、私たちの身の回りにある事象の多く、例えば、気温、音声、音楽、人間の動作、視覚で見えるものは、本来は時間的・空間的に連続な情報です。これをアナログ値（Analog Value）と呼びます。アナログの値を持つものをコンピュータで取り扱うためには、デジタルの値として表現しなおすことが必要です。ここでは、デジタル情報の基礎的な概念と、文字や音楽、画像などがどのようにコンピュータで取り扱われているのか、その考え方を見ていきましょう。

3.2 デジタル情報の単位

　2つの状態を区別できるのが、最も小さい情報の単位です。2つの状態に対して「0」と「1」を割り当てることで、2進表現と対応づけることができます。「2進表現での数字（binary digit）」から、この最小単位をビット（bit）と呼びます。

　現代のコンピュータの内部では2進表現（binary）が用いられます。これは2進表現の「0」「1」を電流やスイッチの ON・OFF に対応づけることが容易であり、また電気的に高速に制御することができるからです。もちろん1ビットだけでは「0」「1」の2通りの状態しか表現できません。しかし2ビットあれば、00, 01, 10, 11 の4通りの状態が表現できます。コンピュータで情報を処理するときには、このように、対象を表現するのに必要なだけの複数のビットを準備します。例えば、英字のアルファベット（26 文字）を表現するには5ビットあれば十分です。大文字、小文字、数字といくつかの記号も表現したければ7ビットは必要です。

表 3.1　ビット長と表現できる状態数

1 ビット	2 ビット	3 ビット	4 ビット	n ビット
0	00	000	0000	00…000
1	01	001	0001	00…001
	10	010	0010	00…010
	11	011	0011	00…011
		100	0100	:
		101	0101	:
		110	0110	:
		111	0111	:
			:	11…110
				11…111
2 状態	4 状態	8 状態	16 状態	2^n 状態

　このようにコンピュータ内部では膨大な量のビットの集まりで情報を表現し、処理を行っているのですが、1 回の処理では複数ビットをまとめて取り扱っています[1]。アルファベットなら 8bit, 整数を表現するには 32bit というように、8 の倍数ビットが一つの塊となっています。そこで、データの大きさを表すときには、塊の最小単位である「8 ビット」を 1 単位とする「バイト（byte）[2]」がよく使われます。つまり 1byte=8bit です。これで「整数を 32bit で表現する」の代わりに「整数を 4byte で表現する」といった言い方ができるようになります。「32bit」でも「4byte」でも中味が 32 個の 0 と 1 であることに変わりありません。なお、SI 単位系（国際単位系）では bit を表すときは「b」、byte を表すときには「B」を使います。

　後述するように、音声や画像など多種多様な情報が 0 と 1 の並びとして表現されます。このとき必要となる 0 と 1 の数は、数百万個にもなることは珍しくありません。このように大きなデータのサイズを byte 単位で表現すると桁数が多くなってしまい不便です。データサイズを大まかに表現できればよい文脈では、32KB（キロバイト）、2TB（テラバイト）のように言います。キロ、メガ、ギガ、テラ、ミリ、マイクロ、ナノなどは SI 接頭語記号と呼ばれるもので、本来は、基本単位に対して 10 の累乗倍だけ大きい（あるいは小さい）ことを表します。ただ、コンピュータの世界では 2 の累乗で設計されるので、4KB は 4000B ではなく 4196B=2^{12}B、32KB は 32000B ではなく 32768B=2^{15}B のようにズレます。記憶装置の製品仕様欄には、例えば M（メガ）が 10^6 と 2^{20} のどちらで計算されているのか明記されています。なお、2 の累乗で計算していることを明示したいときには、KiB のように 2 進接頭語を使う方法もあります。

---

[1] 「64bit の CPU」は一つの処理で 64bit のデータが取り扱えることを意味しています。
[2] ひとかじり（bite）にかけたと言われています。

　余談ですが、口語ではしばしば「64 ギガの USB メモリ」ということもあります。最小の処理単位である「バイト」が省略された形です。文脈上明らかな場合には「スピードが 10 キロオーバーだ」「体重が 2 キロ減った」のように基本単位である「メートル」や「グラム」を省略するのと同じですね。ただ情報の世界では、基本単位が byte ではなく bit のときがあるので要注意です。例えばネットワークの伝送速度は bps（bit per second;1 秒あたりのビット数）で表すので、「10G（テンジー）のイーサネット」は 10Gbps、つまり、1 秒間に 10Gbit 送信できる通信帯域であることを表しています。

表 3.2　よく使われる単位の表記方法

SI 接頭語での単位		2 進接頭語での単位
1B（バイト）	＝8 ビット	
1KB（キロバイト）	$=10^3$ バイト	$\approx 2^{10}$ バイト＝1KiB（キビ）
1MB（メガバイト）	$=10^6$ バイト	$\approx 2^{20}$ バイト＝1MiB（メビ）
1GB（ギガバイト）	$=10^9$ バイト	$\approx 2^{30}$ バイト＝1GiB（ギビ）
1TB（テラバイト）	$=10^{12}$ バイト	$\approx 2^{40}$ バイト＝1TiB（テビ）
1PB（ペタバイト）	$=10^{15}$ バイト	$\approx 2^{50}$ バイト＝1PiB（ペビ）
1EB（エクサバイト）	$=10^{18}$ バイト	$\approx 2^{60}$ バイト＝1EiB（エクシビ）
1ZB（ゼタバイト）	$=10^{21}$ バイト	$\approx 2^{70}$ バイト＝1ZiB（ゼビ）

　デジタル情報を記録するときには、下図のように 0 と 1 をメディア上の物理状態として表現します。表現方法は、電圧の高低、溝の深さ、穴の有無など、メディアによって異なります。

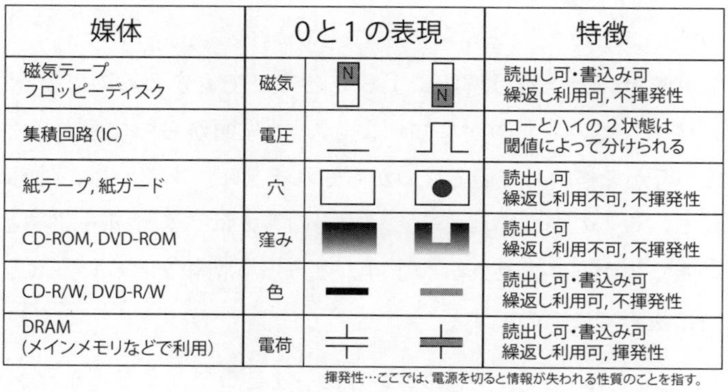

媒体	0 と 1 の表現		特徴
磁気テープ フロッピーディスク	磁気		読出し可・書込み可 繰返し利用可, 不揮発性
集積回路（IC）	電圧		ローとハイの 2 状態は 閾値によって分けられる
紙テープ, 紙ガード	穴		読出し可 繰返し利用不可, 不揮発性
CD-ROM, DVD-ROM	窪み		読出し可 繰返し利用不可, 不揮発性
CD-R/W, DVD-R/W	色		読出し可・書込み可 繰返し利用可, 不揮発性
DRAM （メインメモリなどで利用）	電荷		読出し可・書込み可 繰返し利用可, 揮発性

揮発性…ここでは、電源を切ると情報が失われる性質のことを指す。

図 3.2.1　様々な媒体での 0 と 1 の表現

―――― デジタルデータはなぜノイズに強いのか ――――

デジタル情報は「ノイズに強い」といわれています。これはなぜなのでしょう？

仮に、電圧で「1」「2」「3」の3種類の情報を表現することを考えます。「1」は 0V、「2」は 2V で、「3」は 4V の電圧で表現することにします。

本来 4V の電圧にノイズが加わり 3.4V に変化したとします。これは 4V ではないので厳密にはもはや「3」を表していません。しかし 0V, 2V, 4V の中では 4V に最も近いので、高い確率でもともとは 4V だったのではないかと推測でき、「3」という情報が取り出せます。このようにメディア上の物理状態が少々変動しても「表現している内容」を正しく取り出せます。これがデジタルがノイズに強い理由です。

逆にいえば、物理状態がある許容量を超えて変化してしまったら取り出される内容が変わってしまうということです。例えば 2V だった電圧が 0.4V まで下がってしまったら、それがもともと「2」を表現していたとはわからず、取り出される情報は「1」になります。

「表現している内容」が変わってしまうほどの変化（一般に「誤り」といいます）は、実はノイズやキズといった様々な物理的要因で簡単に発生します。それでもデジタル情報が壊れている状況を私たちはほとんど目にしません。これは、誤りが生じたことを周りの情報との関係から計算によって検知し、誤りの種類や程度によっては修復することができる手法（この技術は「誤り訂正」といいます）が組み込まれているからなのです。このような処理ができるのもデジタルならではの利点ですね。

3.3　表現と解釈

コンピュータの中に「01101010」というビット列が格納されていたとしましょう。これは何を意味しているのでしょうか？

妙に思うかもしれませんが、実は解釈によってどうとでも変わるのです。「106 という数値を（2 進表現で）格納している」のかも知れません。「先頭からの位置が自然数に対応していて、その数が素数か否かを格納している」のかも知れません。あるいは、「加算を指示する機械語命令が格納されている」のかも知れません。本当の答えはこの情報を格納した人（プログラムを作った人）に聞くしかありません。つまり、どういう情報をどういうビット列で表現するかは、人間が自由に決めてよいのです。

しかし、他の人、他のプログラム、他のコンピュータとコミュニケーションをとるためには、「そのビット列をどのように解釈するのか」について、送り手と受け手の双方が同じように理解している必要があります。このために行われるのが符号化です。「0」と「1」に変換する方法（符号化法）を定めることで、文字、音楽、画像など様々な情報を取り扱い、相互にやり取りすることができるようになります。

─── r 進表現 ───

　私たちが日ごろ使っている数の表記法は「10 進表現（decimal）」といい、一つの桁に 0 ～ 9 までの 10 種類の記号（数字）を使います。1 桁では 0 ～ 9 までの十種類の状態を、2 桁では 0 ～ 99 までの百種類の状態を表せます。

　一般に、r 種類の記号を使った数の表現方法を r **進表現**[a]といい、また r のことを**基数**と呼びます。例えば「···」の点の数を 2 進表現で表記すると「11」となります。しかし、これでは読み手には 10 進表現の「じゅういち」と区別がつきません。2 進表現であることを明示するためには、「$11_{(2)}$」のように後ろに基数を下付きで括弧書きします。基数の部分は 10 進表現です。なお、ある数を異なる基数を用いた表現に変換することを**基数変換**といいます。

　情報処理の分野では、しばしば 16 進表現（hexadecimal）が使われます。16 進表現は桁の区切りが 2 進表現の桁の区切りと一致するので、2 進表現との基数変換が簡単なのです。2 進表現から 16 進表現に基数変換するには、2 進表現を（下の桁から）4 ビットずつ一塊にして「0000」～「1111」に「0」～「9」，「A」～「F」の数字を割り当てます。つまり、1byte=8bit の情報がちょうど 2 桁の 16 進表現で表せるのです。

$$00011001_{(2)} = 19_{(16)} \qquad 10110110_{(2)} = B6_{(16)}$$

以下に 2 進表現、3 進表現、10 進表現、16 進表現の対応表を示します。

2 進表現	3 進表現	10 進表現	16 進表現
1	1	1	1
10	2	2	2
11	10	3	3
100	11	4	4
101	12	5	5
110	20	6	6
1000	22	8	8
1010	24	10	A
1111	120	15	F
10000	121	16	10
11111111	100110	255	FF

[a] 「r 進数」と書かれることも多いが、「数」としては同じで単に「表現」の違いです。

3.3.1　文字の表現

　コンピュータが文字を扱うことができるのは、一つ一つの文字に数値が対応づけられているからです。個々の文字に数値を割り当てたものを「文字コード」と言います[3] 。

　文字コードは、「どういう文字の集合に」「どのように数値を割り当てるか」を定めて作成されています。当初はアルファベット、数字、記号、それにいくつかの制御用の特殊文字[4]を含めて 128 種類の文字が表現できれば十分だったので、7 ビットで表現する文字コードである ASCII（American Standard Code for Information Interchange）が作られました。図 3.3.2 に 7bit ASCII の文字コード表を示します。その後いくつかの拡張が行われ、アクセント記号付き文字やアラビア文字などを含む 256 種類の文字を 8 ビットで表現するように拡張されました。

10進	16進	文字	10進	16進	文字	10進	16進	文字	10進	16進	文字	10進	16進	文字	10進	16進	文字	10進	16進	文字	10進	16進	文字
0	00	*NUL*	16	10	*DEL*	32	20	スペース	48	30	0	64	40	@	80	50	P	96	60	`	112	70	p
1	01	*SOH*	17	11	*DC1*	33	21	!	49	31	1	65	41	A	81	51	Q	97	61	a	113	71	q
2	02	*STX*	18	12	*DC2*	34	22	"	50	32	2	66	42	B	82	52	R	98	62	b	114	72	r
3	03	*ETX*	19	13	*DC3*	35	23	#	51	33	3	67	43	C	83	53	S	99	63	c	115	73	s
4	04	*EOT*	20	14	*DC4*	36	24	$	52	34	4	68	44	D	84	54	T	100	64	d	116	74	t
5	05	*ENQ*	21	15	*NAK*	37	25	%	53	35	5	69	45	E	85	55	U	101	65	e	117	75	u
6	06	*ACK*	22	16	*SYN*	38	26	&	54	36	6	70	46	F	86	56	V	102	66	f	118	76	v
7	07	*BEL*	23	17	*ETB*	39	27	'	55	37	7	71	47	G	87	57	W	103	67	g	119	77	w
8	08	*BS*	24	18	*CAN*	40	28	(	56	38	8	72	48	H	88	58	X	104	68	h	120	78	x
9	09	*HT*	25	19	*EM*	41	29	)	57	39	9	73	49	I	89	59	Y	105	69	i	121	79	y
10	0A	*LF*	26	1A	*SUB*	42	2A	*	58	3A	:	74	4A	J	90	5A	Z	106	6A	j	122	7A	z
11	0B	*VT*	27	1B	*ESC*	43	2B	+	59	3B	;	75	4B	K	91	5B	[	107	6B	k	123	7B	{
12	0C	*FF*	28	1C	*FS*	44	2C	,	60	3C	<	76	4C	L	92	5C	\	108	6C	l	124	7C	|
13	0D	*CR*	29	1D	*GS*	45	2D	−	61	3D	=	77	4D	M	93	5D	]	109	6D	m	125	7D	}
14	0E	*SO*	30	1E	*RS*	46	2E	.	62	3E	>	78	4E	N	94	5E	^	110	6E	n	126	7E	~
15	0F	*SI*	31	1F	*US*	47	2F	/	63	3F	?	79	4F	O	95	5F	_	111	6F	o	127	7F	*DEL*

下線 は制御文字

図 3.3.2　7bit ASCII の文字コード表

　日本語の文字はどうなっているのでしょう。日本では、最初、8 ビット ASCII のうち後から拡張された領域に片仮名を割り当てました[5]。このときに「ガ」「パ」などの濁音や半濁音は文字としては登録せず、濁点記号や半濁点記号を一つの文字として登録しました[6]。この方法で表現される片仮名は 1 文字 1 バイトで表現できる[7]ので **1 バイトカナ** と呼ぶのですが、一般には **半角カナ** と呼ばれています。これは当時のカタカナのフォントを他の英数字と同じ幅の横幅でデザインしたため、結果として漢字の半分の幅となったことに由来します。1 バイトカナは ASCII の拡張領域を使っているので、当然 8bit ASCII とは混在利用ができません。

---

[3] 文字がどのように画面上でどのような形で表示されるかは、文字コードの役割ではありません。文字の見え方を決めるのはフォント描画の役割で、画像処理の一種です。

[4] 改行、改ページ、バックスペース、タブなど。

[5] 実は 7bit ASCII の領域の文字も一部変えたので混乱の原因となっています。

[6] 銀行窓口の書類などでフリガナを書くところで、この名残を見ることができます。

[7] ただし、濁音や半濁音は 2 バイト必要です。このように 1 文字を表現するのに必要なバイト数が変わると文字数を数える処理が難しくなります。

　片仮名だけでなく、私たちが日常的に使う平仮名や漢字も扱おうとすると、8bit ではまった
く足りません。日本語に限らず、多くの文字を持つ言語では 1 文字を表現するために 2 バイト
以上使う必要があります。これを**マルチバイト文字**と呼びます。

　日本語の文字コードは、「使用する文字集合の範囲をどのようにするか」や「数値を割り当て
方をどのようにするか」などについて歴史的に複雑な経緯があり、複数の方法が混在すること
となりました。現在、私たちの身の回りで使われている文字コードの主なものを紹介します。

JIS コード（ジスコード）　　日本工業規格（JIS）で定められた文字コードで、厳密に言え
　　　ば複数の規格があります。まず、文字集合が次のようにいくつかに分けて定められてい
　　　ます。

　　　　　JISX0201：Latin-1、カタカナ

　　　　　JISX0208：漢字（通称 JIS 第 1・第 2 水準漢字）、ひらがな、記号

　　　　　JISX0213：JISX0208 にさらに文字を加えたもの

　　　JIS コードは、JISX0208 の文字集合には 2 バイトの数値を対応づけたものです。文字
　　　コードの切り替えを表す特殊なバイト列「エスケープシーケンス」を使うことで他の言語
　　　の文字コードとの混在利用ができるという特徴があり、国際規格の一部「ISO-2022-JP」
　　　のベースとなっています。

Shift JIS（シフトジスコード）　　文字コードが変わるごと（つまり英数字と漢字の境目）
　　　に毎回エスケープシーケンスが必要となる JIS コードは、メモリが貴重であった時代に
　　　は非常に効率の悪い方法でした。そこで、JIS の定めを無視し、他言語との混在ができ
　　　なくなることを承知の上で、エスケープシーケンスが不要な方法として開発されたのが
　　　Shift JIS コードです。名前に「JIS」が含まれていますが、JIS が決めたわけではあり
　　　ません。

　　　Shift JIS コードも JISX0208 で定義された文字集合に対して 2 バイトの数値を割り
　　　振りますが、1 バイト目の最上位ビットが必ず 1 になるようにしました。こうすること
　　　で、あるバイトの最上位ビットをみて それが 0 ならば ASCII の文字、1 ならば次のバイ
　　　トとセットで漢字、という形で区別できるのです。漢字に割り当てた数値の範囲が JIS
　　　コードの位置から「ずれている（シフトしている）」ので「Shift JIS コード」と呼ばれ
　　　ています。

　　　Shift JIS コードは、特にメモリが少なかったパソコン用の文字コードとして広く普及
　　　しました。しかしきちんとした規格が当初存在しなかったことから様々な独自実装が行
　　　われ、「機種依存文字」問題を引き起こす原因となりました。Windows では長らく Shift
　　　JIS を使っていた経緯があるため、現在でも Office で文書を作成すると内部で Shift JIS
　　　が使われることがあります。

表 3.3　日本語の各文字コードでの表現（16 進）

文字	ABC あいう漢字 DEF
JIS	41 42 43 [1B 24 42] 24 22 24 24 24 26 34 41 3B 7A [1B 28 42] 44 45 46
Shift JIS	41 42 43 82 A0 82 A2 82 A4 8A BF 8E 9A 44 45 46
UTF-8	41 42 43 E3 81 82 E3 81 84 E3 81 86 E6 BC A2 E5 AD 97 44 45 46

下線が 1 文字分。枠で囲まれた部分がエスケープシーケンス。

Unicode（ユニコード）　　各言語ごとに個別に文字コードを割り当てるのではなく、一つの文字コードで全世界のすべての言語の文字を表現することを目的として開発されたのが **Unicode** です。

　Unicode では 1 文字を表すために必要なバイト数が文字によって異なります。ラテン文字については ASCII との互換性のため 1 バイトとなっており、それ以外は 1 文字あたり 2 〜 5 バイトを使用します。日本語の漢字は 1 文字あたり 3 バイト必要です。Unicode でコードを割り当てる文字集合は拡大し続けており、現在では絵文字も含まれています。

　「文字にどのような数値を割り当てるか」とは別に、「割り当てた数値をどのようなバイト列として表現するか」という符号化のバリエーションがあり、UTF-8, UTF-16, UTF-32 など複数の方法があります。

　私たちが文字コードを意識することはあまりないかも知れません。しかし、アプリケーションが文字コードの判別に失敗すると、いわゆる「文字化け」という現象が起きます。Web ブラウザで文字化けが発生した場合には、「文字コード」や「エンコーディング」といった項目を手動で指定することで解消することがあります。

── 機種依存文字とは ──

　2 つの機器で、ある文字コード（数値）に対応する文字が異なる場合、一方の機器で表示される文字が、他方では異なる文字に表示される（あるいはまったく表示されない）という現象が起きます。このような、対応する文字が機器に依存し、他の環境では必ずしも同じように表示されない文字を「機種依存文字」あるいは「環境依存文字」と言います。

　機種依存文字の具体例としては、◯の中に数字が入っている文字、ローマ数字、トランプのスーツなどがあります。特に最初の 2 つは日常的によく使ってしまいがちです。

　機種依存文字は、自分のところでは「正しく」表示されるため、なかなか気づきにくいのです。自分のところで紙に印刷するだけならば影響は少ないのですが、電子的にやり取りをする場合には、意識して使用しないことが必要です。

3.3.2 アナログからデジタルへの変換

私たちの身の回りには、本来はアナログな情
報がたくさんあります。このようなアナログ
データをコンピュータで取り扱うためには、
デジタルデータへ変換する必要があります。
アナログデータとデジタルデータの変換例と
して、音声波形の処理を見てみましょう。

1. マイクを使って、空気の振動を電気信
   号（電圧波形）に変換します。

2. この連続した電圧波形から一定の時間
   毎に値を読み取ります。これを**標本化**
   （サンプリング; Sampling）といい、取
   り出された値を「標本値」といいます。
   標本値はその時間における電圧値なの
   で、アナログ量（実数値）です。

3. 読み取った値の近似値を求めます。こ
   れを**量子化**といいます。右の例では8
   段階の値に区分しています。

4. コンピュータで扱う場合には、さらに
   ビット列に変換する必要があります。
   右の例では量子化された各値を単純に
   2進表現したものをビット列としてい
   ます。

このようにして記録されたデジタルデータか
ら音声を再生するには、逆の処理を行います。

1. ビット列を解釈し、値に変換します。

2. 各値（デジタル値）に対応する電圧値
   （アナログ値）を求めます。

3. 一定時間毎の電圧値を繋ぐように、間
   の電圧を補間することでアナログ信号
   を発生させます。右の例では、各区間
   を直線補間しています。

4. スピーカーを使って、電圧変化に応じ
   た空気振動を発生させます。

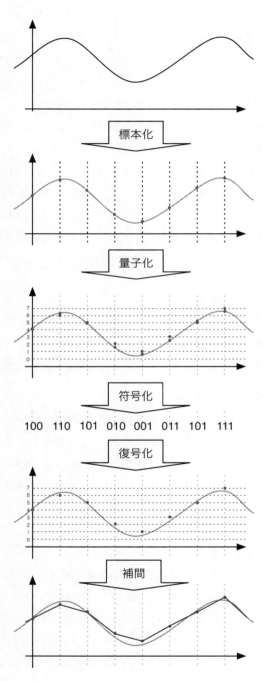

図 **3.3.3**　音声波形の処理

　直感的にわかるように、一定時間あたりのサンプリング回数が多いほど、そして量子化の段階の数が多いほど、元の信号からのずれが小さくなります。結果として、アナログ信号を再現したときの波形と、元の波形とのずれを小さくすることができます。しかし、単位時間あたりに処理しなければならないデータの量は、逆に増大していきます。

　なおデジタル信号化したものをアナログ信号に戻したとしても、元のアナログ信号と全く同じにはなりません。量子化を行う際に必ず量子化誤差が存在するからです。アナログ信号をデジタル記録し、アナログ信号として再生するシステムでは、なるべく元波形と近い出力波形が得られるように、標本化間隔、量子化レベル、符号化方法、補間方法のすべてを調整する必要があります。

　符号化の方法に依存しますが、音質の善し悪しは単位時間あたりのデータ量でおおまかに判断することができます。よく使われる単位は bps で、これは一秒間の音を表すのにどれだけのビットを使用しているかを意味します。この値が大きいほうが品質が良いことになります。オーディオ CD の場合、サンプリング周波数 44.1kHz ×量子化幅 16 ビット × 2 チャンネル（左右）なので、1 秒当たり $44100 \times 16 \times 2 = 1{,}411{,}200$ ビットの情報量になります[8]。

3.3.3　画像

　パソコンの画面やプリンタで紙に "出力された画像" は、基本的には画素（pixel; ピクセル）の集まりになっていますが、その画像を "データとして扱う方法" としては、大きくビットマップ形式（ラスター形式）とベクター形式の 2 種類があります。

ビットマップ形式

　　ビットマップ形式は、各画素の色をそのまま記録する方式です。スマートフォンで撮影した画像は、撮像素子によって標本化と量子化が行われるので、原理的にビットマップ形式となります。色情報の格納方法、画素情報の符号化方法、圧縮方法によって、JPEG, GIF, BMP, PNG, TIFF など多くの画像フォーマットがあります。ビットマップ画像を拡大して表示すると、図 3.3.4 のように各画素自体が拡大されてしまうため粗くなってしまいます。

ベクター形式

　　ベクター形式では、各画素の情報をそのまま表現する代わりに、描画命令の集合として表現します。一種のプログラムといっても良いでしょう。描画命令を実行した結果、画素の集まりとしての画像が生成されます。描画命令で使う座標系は出力装置とは独立しているため、最終出力装置の最高の解像度で画像を描画することができるという利点があります。ベクター形式の画像の "拡大/縮小" は座標変換をした上で再描画するので、粗くなることはありません。図 3.3.5 の "拡大図" の部分は、再描画後の拡大画像から図3.3.4 と同様の領域を示しています。

---

[8] 実際には誤り訂正符号化も行われているため、この通りではありません。

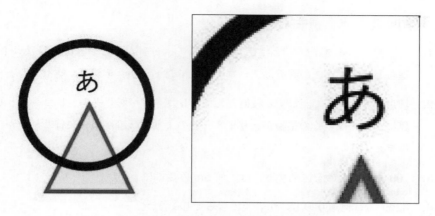

図 **3.3.4** ビットマップ形式の画像と拡大画像（一部）

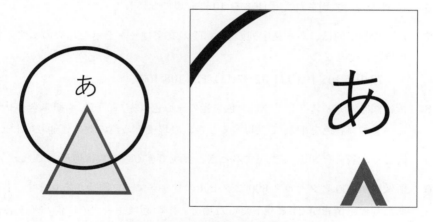

図 **3.3.5** ベクター形式の画像と拡大画像（一部）

3.4　演習問題

演習 1.　文字盤があるタイプの時計で、秒針がなく、分針が 1 分おきに 1 目盛（1 分ぶん）進むとします。この時計はアナログ時計でしょうか、デジタル時計でしょうか。

演習 2.　音声をアナログで記録する技術として、レコードがあります。レコードと CD の音質については多くの議論があります。どのような議論が過去に行われたか、調べてみましょう。

演習 3.　100 通りのものを区別するには、何 bit 必要でしょうか。

演習 4.　32bit では何通りのものが表現できるでしょうか。

演習 5.　10 進表現の 42 を 8bit の 2 進表現に変換してください。

演習 6.　16 進表現で表現された「1F」を 10 進表現に変換してください。

演習 7.　以下の数字列は、ある文字列の ASCII の文字コードを示したものです。元の文字列はなんでしょう。

　　　72 101 108 108 111 32 87 111 114 108 100

演習 8.　情報機器のディスプレイでは、色を光の三原色（赤/青/緑）の組み合わせで表現しています。各色を 1bit で表現するとき、表現できる色の数は何通りでしょうか。

演習 9.　同じく、各色を 8bit で表現するとき、表現できる色の数は何通りでしょうか。

演習 10.　解像度が 800 ピクセル×600 ピクセルのビットマップ画像があります。1 ピクセルあたりの色情報が 24 ビットだった場合、この画像を表すのに何バイト必要でしょうか。

演習 11.　上記の画像をモノクロ画像に変換するとします。モノクロ画像を表すのに何バイト必要でしょうか。ただし各画素を 256 段階に変換するとします。

演習 12.　フォントの見た目（グリフ）を、ビットマップ形式で表現したものをビットマップフォント、ベクター形式で表現したものをアウトラインフォントといいます。それぞれのメリットとデメリットを調べてみましょう。

第 4 章

情報収集・情報検索

　情報収集は、その情報源によって、既に他の人がまとめた資料（書籍・新聞・インターネットなど）から情報を得る場合と、自分で新しく材料を得る場合（取材・フィールドワーク・実験など）とがあります。以下では主にインターネットから情報を収集する方法を紹介します。

4.1　検索サイトの利用

　インターネットを検索するときに使用する Web サイトのことを「**検索サイト**」と呼びます。もっとも有名な検索サイトは Google（グーグル）で、90%以上のシェアがあるといわれています。検索サイトで検索することを「ググる」ということも普通になってきました。

　検索するには、入力欄に検索キーワードを入力して改行キーを押すだけです。また、複数のキーワードを空白文字で区切って入力すると、すべてのキーワードを含むページを表示します。

> 生命　宇宙　答え

4.1.1　検索演算子

　Google に限らず多くの検索サイトでは、検索演算子というものを使うことで複雑な検索や条件付き検索を行うことができます。以下に代表的なものを示します。

AND 検索と OR 検索

　「A and B」と入力すると A と B の両方を含む検索結果が表示されます。また「A or B」と入力することで「A を含むもの」と「B を含むもの」の両方の検索結果が表示されます。Google 検索では空白で区切った複数のキーワードを入力した場合には AND 検索が行われるので、明示的に「and」を書く場面は少ないかもしれません。

> マジック or 手品

空白を含むキーワードを検索する

検索欄に入力した空白文字は、通常、キーワードの区切りとして解釈されます。空白を含むキーワードで検索したい場合には、全体をダブルクォート（"）で括ります。

```
"steve jobs's iphone keynote"
```

特定のキーワードを含むページを除く

キーワードの前に「-」をつけると、そのキーワードを含むものを検索結果から除外します。「-」は半角でなければなりません。

```
トランプ -大統領
```

結合順序の変更

複数の条件を組み合わせるときに、括弧を用いることで結合順序を制御することができます。

```
ロープ and ( マジック or 手品 )
```

── 検索サイトの仕組み ──

Google などの検索サイトではキーワードを入力すると一瞬で検索結果を表示します。あの短時間にどうやって世界中の Web サイトから探し出しているのでしょう？

検索サイトは**クローラー**（**Crawler**）と呼ばれる情報収集プログラムを動かしています。クローラーがやっていることは、Web ページのリンクを片っ端からクリックしてその Web ページの内容を収集することです。ここで収集した URL とページの内容を解析して、索引を作っておきます。

利用者が検索キーワードを入力すると、そのキーワードで索引を調べ、対応する URL を検索結果として出力しているのです。したがって Web ページを新しく作成してもクローラーが収集するまでは検索結果に出てきません。逆に Web ページから何か情報を削除しても、索引に残っている間は削除したはずの情報でも検索結果に出てきてしまいます。

キーワードに対応する URL の表示順序はページランキングと呼ばれ、「より適切である」とされるページが上位に来るようになっています。ページランクは、基本的には次のようなシンプルな着想から始まっています。

- 重要な Web ページは、多くの Web ページからリンクされている（はず）
- 重要な Web ページからリンクされたページは、価値が高い（はず）

4.1.2　高度な検索方法

キーワードをタイトルに含むページを探す（`intitle:`）

Web 検索は標準では、キーワードがページ中に含まれる Web ページを検索結果として表示しますが、キーワードの前に「intitle:」をつけると、指定したキーワードを「ページタイトル」に含むページのみを表示することができます。

```
intitle:人工知能
```

キーワードを URL に含むページを探す（`inurl:`）

URL 内に特定の単語を含む Web ページを検索できます。

```
高速道路 inurl:camera
```

検索範囲を特定の Web サイトに限定する（`site:`）

Web サイトのホスト名が指定した条件に合致する検索結果だけを表示します。特定の Web ホストを指定するだけでなく、複数ホストを含みうるドメイン名でも大丈夫です。また特定の Web ホストの中のディレクトリを含めた指定もできるので、複雑な階層の Web ページから情報を素早く見つけることができます。

```
人工知能 site:ac.jp
```

特定の形式のデータを探す（`filetype:`）

検索サイトは、Web ページだけでなく Web ページからリンクされている PDF ファイルや PPTX ファイルも検索結果として表示します。検索キーワードの前に「`filetype:`」をつけることで特定のファイル形式を指定することができます。ファイル形式として指定できるものには「pdf」「doc」「ppt」「rtf」などがあります。

```
社外秘 filetype:pdf
```

4.1.3　Web 検索以外の機能

Google の検索サイトは Web 検索以外にも様々な機能を実装しています。

数式の計算

図 4.1.1 に示すように、検索欄に数式を入力すると通常の検索結果の前に計算結果が表示されます。

グラフ描画

検索欄に数学関数を入力するとグラフが描画されます。図 4.1.2 に示すように、複数の関数を「,」で区切って入力することで複数のグラフを同時に描画することもできます。

図 4.1.1　数式の計算

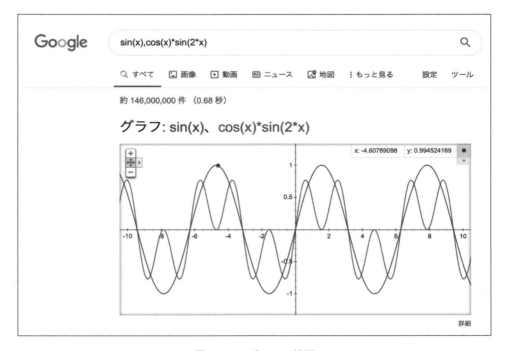

図 4.1.2　グラフの描画

4.1.4 Web ページを記録する

　新しい Web サイトが次々と生成されており、また Web ページも日々更新されています。検索で見つかったページを後日また閲覧したいと思ったときに、どういうキーワードで探したのか思い出せない、あるいは同じキーワードで検索しても検索結果が変わっているということがあります。後で何度かアクセスすると思われる Web サイトはブックマークしておきましょう。

　また、次回アクセスしたときにはもうページが消えていたり、内容が変わってしまっていることがあります。そのページの URL を記録するだけでは内容を保存できません。ページに記載された文章や画像のみを記録しておきたいときには、Copy&Paste などで Word などに記録しておきます。Web ページを、文書と画像が混在したイメージのままで保存したい場合には、PDF として保存するのが簡単です。

4.2 Web 検索で注意すべきこと

4.2.1 検索キーワードの選び方

　当たり前ですが、Web 検索ではキーワードの選び方によって検索結果が変わります。例えば「A は B であるか否か」を調べるときに、「A は B である」で検索すれば検索結果にはそういうものだけが表示され、逆に「A は B ではない」で検索すれば今度はそれを支持する結果だけが表示されます。一方の結果だけを見ていると、それが世の中の主流意見のように判断してしまいがちです。「人は自分の見たいものしか見ない」といわれます。複数の異なる視点からの検索結果が得られるよう、検索キーワードを変えながら検索するようにしましょう。

4.2.2 同じキーワードでも人によって検索結果が異なる

　Google が提供するサービスの中には、Gmail のように Google アカウントを作成して利用するものがあります。Google アカウントでサインインした状態で Google 検索を利用すると、アカウントに紐づいて検索精度が "向上" します。これはパーソナライズ検索と呼ばれる機能が働いているためで、過去の検索履歴、Gmail でやりとりされるメールの内容、検索をしたときにいた場所（GPS 情報などが参照できる場合）などを検索結果に反映します。その結果、同じキーワードで検索しても人によって表示される検索結果やその順番が異なる、ということが生じます。例えば「ラーメン」で検索してみてください。いま自分がいる地域のラーメン屋さんが出ていませんか？

4.2.3 検索結果は必ずしも正しくない

　改めていうまでもありませんが、検索サービスで表示される Web サイトに書かれている情報は発信源が様々であり、必ずしも正しくありません。インターネット上の情報の中には、意図的に読者を騙そうとしているものもあります。

フェイクニュース：　大手マスコミが取り上げる情報であっても、ときには間違っていたり、意図的に偏った報道を行っていたりすることがあります。そういった虚偽のニュースを「フェイクニュース」と呼びます。

　報道内容が真実か否かは、かつては「証拠写真」や「証拠映像」という形で検証することができました。しかし現在では画像や映像の編集／加工技術が驚異的に進化しており、生成AIなどを利用して容易にフェイク画像やフェイク動画を捏造できるようになりました。フェイクであると見抜くことは極めて困難です。映像が示されたとしても、それだけで信用してしまうことは危険です。

　一方で、「自分に都合が悪いニュースを（真実か虚偽かどうかに拘らず）すべてフェイクニュースとして非難する」といったことも行われています。つまりフェイクニュースという言葉自体が本来の意味で使われていないケースもあるのです。

ステルスマーケティング：　マーケティングでは、自社製品の広告を行うことはよく行われています。広告では基本的に良い面を主張し、悪い面については特に言及しません。

　利害関係のない第三者の立場からの情報であれば、「良い面と悪い面」の両方の情報が得られ、より客観的な評価であるという印象を与えます。これが多くの通販サイトにおいて、参加者が商品や出品者に対する評価やコメントを残せる機能を提供する理由です。しかし一見「客観的な評価」のような錯覚に陥りがちですが、これらはあくまでも「主観的な評価の集合」にすぎません。口コミが意図的に生成されていた事例がいくつも見つかっており、「多数の主観」かどうかすらも怪しい状況になっています。

　SNSでの書き込みなどにも同じ問題があります。多くの人からフォローされているインフルエンサーと呼ばれる人が、企業等から対価を受け取ってその企業とは一見独立な個人の書き込みでその企業の製品の良い評価を発信することがあります。宣伝と気づかれないように宣伝するこういった手法は、**ステルスマーケティング**と呼ばれ、問題視されています。

擬似科学や陰謀論：　一見すると科学的に見える主張で、実は間違った情報も社会に蔓延しています。擬似科学では、こういった検証や反証ができない形で主張することが多いようです。多くの虚偽のニュースでは、「科学的に証明されている」というフレーズで、真実であると信じ込ませようとしています。そのため「○○大学○○先生も絶賛」などとアカデミックな立場にある人の肩書を利用することもしばしばです。気を付けないと、簡単に言いくるめられてしまいます。

　政治的・社会的な出来事などについて、背後に大きな謎の勢力があると考える陰謀論にも注意が必要です。陰謀論の内容は非常に刺激的ですが、常識的に考えれば「ありえない」とすぐわかりそうものがほとんどです。娯楽として楽しむ分にはかまわないのですが、強く信じてしまうと社会生活に支障をきたすことがあります。「証拠がないのが何よりの証拠」と言い張るため、事実ではないと説得するのは困難です。

情報の信憑性を判断するには、その情報を多様な視点から批判的、客観的に解釈することが必要です。また情報の内容だけでなく、次のような、その情報が発信されたバックグラウンドにも考えを巡らせましょう。

- 誰が
- どんな背景・文脈・話の流れで
- どんな立場・視点から
- 何を意図して
- なぜそのタイミングで
- その情報を発信したか（あるいは発信しなかったか）

例えば、科学的に正しい説明が本来できるにもかかわらず、あえて不正確な説明をする場合があります。説明が専門的になりすぎるため、一般の人向けに単純化して説明しているケースは、新聞の科学欄でよく見受けられます。しかし新聞記事の場合、注目させたい一面を強調して記述することもあり注意が必要です。例えば薬の副作用を取り上げる記事では危険性のみが強調されてしまい、本来の効果の大きさについて正しい理解を阻害する一因にもなっています。

4.2.4　情報の鮮度に気をつける

ある時点で発信された情報が、時間の経過とともに正しくなくなったり、あるいは間違いであることが判明したりすることはよくあります。新聞などでは訂正記事が出ることがありますが、取り扱いが小さかったり、修正内容が別の記事（ページ）に記載されたりして見逃すことがあります。インターネットでは、新しい記事も古い記事も混在した状態で同列に提示されるので注意が必要です。そもそも SNS などの書き込みはその時点の体験や意見を書き綴ったものなので、後日それが間違いだと判明しても修正されることは稀です。発信日時が不明な情報源の場合には、情報自体が古いことがあるので、他の複数の情報源と見比べて信憑性を確認する必要があります。

4.2.5　見えるものがすべてではない

なんでも検索サイトで調べる癖がついてしまうと、「検索サイトで見つからない」＝「インターネット上にその情報はない」と思い込みがちです。しかし検索結果として表示されるのは、クローラーがアクセスできる Web ページだけです。クローラーは、組織外からのアクセスが禁止されている Web サイトにはアクセスできませんし、ログインしないとアクセスできない Web ページにもアクセスできません。また Web ブラウザで普通にアクセスできる Web ページであっても、クローラーによる収集を拒否することができます。つまり Web 検索の検索結果として現れるのは、インターネット上にある Web サイトのごく一部に過ぎないのです。

Web 検索の検索結果として見ることができる Web ページを「**表層 Web**（Surface Web）」、それ以外の Web サイトを「**深層 Web**（Deep Web）」と呼びます。例えばログインしないと閲覧できない Web ページは深層 Web です。深層 Web の中にはマルウェアを売買するような危険なサイトもあります。このような Web サイトは特殊なソフトを使わないとアクセスができないことが多く、「**Dark Web**」と呼ばれています。興味本位で近づかないようにしましょう。

4.3　オンライン辞書・百科事典

インターネット上で調べ物をする方法として、Google のような検索サイト以外にも様々なものがあります。大抵は特定の目的に特化して情報をまとめたサイトになっていますが、中には辞書, メール, ニュース, ショッピング, 翻訳, 地図, 路線検索, 地図など、多種多様なサービスへの窓口を備えた「ポータルサイト」として発展しているものもあります。

あるジャンルについて情報を整理・分類している Web サイトを**オンライン辞書**などと呼びます。例えば類語辞典や語源辞典などを利用することで、普段何気なく使っている言葉の意味、語源などを調べることで、微妙なニュアンスの違いなど確認することができます。

書籍の中身をほぼそのまま公開したものの他に、一般の人も編集できる Wikipedia のようなオープンコンテントの百科事典もあります。オープンコンテントの場合には、オープンコンテントゆえの利点と欠点があります。内容が必ずしも正しいとは限らないので、必ず裏付け調査をしましょう。

— Wikipedia —

Wikipedia（ウィキペディア）はオープンコンテントの百科事典です。2023 年 12 月現在、日本語版には約 139 万本の記事があります。基本方針に賛同するなら誰でも記事を作成・編集できます。

誰でも書き込みや編集ができるため、直近の出来事や人物等についても記述されていることがあり、また、出版されている辞典とは違った視点、詳しい内容が記述されていることもあります。その反面、内容が客観的であるとは限らないことに注意が必要です。進行中の出来事については利害関係や係争事項があることも多く、特に関係者自身が自分が関与した事柄について記述・編集を行うと、客観性が失われてしまいます。

Wikipedia では、複数の人が内容をチェックすることにより、次第に内容が充実し正確になることを期待しています。つまり皆さんは書いてある内容を単に参照するのではなく、チェックしながら利用することが求められているのです。

4.4　出版物や論文の検索

　出版物には紙媒体のものと電子書籍とがあります。紙媒体の出版物については、図書館の検索システムを利用することで、タイトルや著者、出版社等から検索することができます。

国会図書館サーチ

　　国立国会図書館（National Diet Library; NDL）には、日本で出版されたほぼすべての著作物が収納されており、キーワード検索することができます（`https://ndlsearch.ndl.go.jp/`）。似た名前の書籍がたくさんある場合には、ISBN や ISSN などの識別番号で確認しましょう。

電子ジャーナル

　　学術の世界では、オンラインで閲覧できる電子ジャーナルという形態の雑誌が普及しています。特にインターネット上で参照できるドキュメントに対しては、DOI（Digital Object Identifier; デジタルオブジェクト識別子）と呼ばれる番号で参照することができます。

　また、Google も学術論文検索専用の Google Scholar（グーグル・スカラー）と呼ばれる検索サイト（`https://scholar.google.com/`）を用意しています。ここで例えば「ラーメン」というキーワードで検索すると、建築工学分野の「ラーメン構造」関係の検索結果がずらっと出てきます。Google Scholar で表示されるのは、あくまでもクローラーが見つけることができる情報に限られます。実際の論文を取得するためには、学会への会員登録や論文購入費用の支払いが必要です。

━━━ ISBN と ISSN ━━━

　ISBN と ISSN は出版物に付けられる国際的な標準コードで、これを用いて世界中の出版物から資料を特定できます。ISBN は図書に、ISSN は主に雑誌に割り当てられます。ISBN と ISSN においては電子媒体も対象とされています。

- ISBN（International Standard Book Number; 国際標準図書番号）
  図書や単行刊行物のほとんどにこの ISBN がつけられています。ISBN は「出版国（もしくは地域・言語圏）」、「出版社」、「その出版物固有の番号」を示す番号から成っています。旧 ISBN は 10 桁でしたが、一部の地域で割り当て可能なコードの枯渇が目前となったため、現在では 13 桁になっています。

- ISSN（International Standard Serial Number; 国際標準逐次刊行物番号）
  逐次刊行物（新聞、定期刊行物、学会誌など）を識別するためにつけられる 8 桁の番号です。日本では国立国会図書館において ISSN 日本センターが ISSN を付与しています。ただ、日本では逐次刊行物の流通には「雑誌コード」が用いられるのが一般的で、ISSN の付与は任意であるため、ISSN が付いている刊行物は多くはありません。学術雑誌のほとんどには ISSN が付与されています。

4.5 生成 AI

本章に生成 AI の話を記述するのは不適切なのですが、検索サービスのように生成 AI を利用する人が多いと思われるので取り上げることにしました。

4.5.1 AI と生成 AI

情報工学の世界では長年にわたって AI（Artificial Intelligence; 人工知能）の研究が行われてきました。「AI とは何か」ということに明確な定義はありません。初期のころは「AI＝コンピュータ」でしたが、単なる計算以上のことができるコンピュータ、人間でなければできないことができるコンピュータ、とコンピュータ技術が一般的になるにつれて「AI」という言葉のイメージは変わってきました。実用化された AI システムの一つが、1980 年代に実用化されたエキスパートシステムです。これは専門家の知識や判断ルールを大量に蓄積することで、専門家でしかできない判断ができるシステムでした。

近年のコンピュータの飛躍的な計算能力の向上と、大量のテキストデータを取り扱える自然言語処理技術の登場により、生成 AI と呼ばれる新しいタイプの AI 技術が誕生しました。2021 年に発表された画像生成 AI である Stable Diffusion や Midjourney、2022 年に発表された会話に特化したテキスト生成 AI の ChatGPT がメディアに取り上げられたことをきっかけに、急激に脚光を浴びるようになりました。

4.5.2 生成 AI は検索サービスではない

生成 AI が従来の AI や検索サービスと大きく異なる点は、事前学習データに基づいて、もともとは存在していない回答や画像を新たに生成して出力する点です。すなわち、これまで人間にしかできない（コンピュータにはできない）と考えられてきた、"創造的" な出力をしているように見えるのです。また質問に対して、一般論ではなく質問内容に即した出力をするため、"文脈を理解" して回答しているようにも見えます。

創造的な出力が評価されている一方で、テキスト生成 AI が「意外と間違える」「簡単な計算もできない」といった指摘もあります。そもそも「正解を答える」ようには作られていないので、これは当然の結果です。出力は事前学習データに基づいて生成されるのですが、学習データには誤った情報も含まれています。学習データがたとえ「正しい情報」だけであったとしても、それらを組み合わせて作り出した内容が正しいとは限りません。

このような特性を考えれば、生成 AI を「答えを調べる」ために使うのが適切ではないことは自明です。本書執筆時点の生成 AI サービスは、ブレーンストーミング、アイデア案のバリエーションを増やす、関連事項の洗い出し、叩き台の案を作成する、といった使い方に向いています。

4.5.3　プロンプトエンジニアリング

Google の Bard や Microsoft の Bing Chat など、大企業も生成 AI システムを次々と発表しています。Windows11 では、Windows Copilot という名前で生成 AI を OS 標準の機能として提供しています。また Office 製品をはじめ、AI を活用したアプリケーションやサービスが急速に普及しつつあります。このように、生成 AI は利用者が気づかないうちに身近にある技術になっています。

これらのサービスでは、私たちが普段使っているような自然言語で問い合わせることができるため、利用に対するハードルは極めて低く、人工知能／情報工学の専門家でなくても誰でも使えます。パソコンが使えない人でも利用できるので、デジタルデバイトの解消につながるかも知れません。しかし、期待する結果を引き出すのは簡単ではありません。

生成 AI への入力のことを「プロンプト」と呼びます。生成 AI の出力は入力される情報に大きく左右されるという特徴があります。プロンプトが漠然としていると出力も一般論ぽいものになり、プロンプトが具体的になればなるほど出力もより具体的になります。

生成 AI を使いこなすには、「自分が欲しいもの」が出力される確率が高くなるように「プロンプトを組み立てる」技術が必要です。効率の良いプロンプトの組み立て方として様々な手法が開発されており、**プロンプトエンジニアリング**と呼ばれています。

― **ChatGPT の仕組み** ―

テキスト生成 AI である ChatGPT はどのようにして動いているのでしょう？非常に乱暴な言い方をすれば単に「次に続く確率が高い語」を繋いでいるだけなのです。ChatGPT の中核をなす技術は GPT（Generative Pre-trained Transformer）と呼ばれる技術で、大規模言語モデル（Large Language Model; LLM）の一種です。Transformer は前の単語の列が与えられたときに次に続く単語を予測します。例えば、「むかしむかし」と聞けば、その続きとして「あるところに」を思い浮かべる人が多いでしょう。これは私たちがこのような「続くパターン」を「事前知識」として「学習」しているからです。

ChatGPT も同じように、インターネット上に公開されている膨大なテキストコンテンツを分析し、はるかに長い数千文字という長さで「続くパターン」を学習しています。質問文が入力されると、それを単に入力された文字列のパターンとして認識し、そのパターンに続く確率が高い文字列を次々と繋げることで「自然な文」を生成しているのです。

このとき乱数による揺らぎが加わるため、同じ質問でも異なる出力になるのです。一応、犯罪につながる可能性がある内容など、社会通念上不適切な内容は出力されないように抑制されています。私たちが知っておくべきことは、「事実かどうか」「意味」「論理」「倫理」などを理解して動いているのではないということです。

4.5.4　現在 指摘されている様々な問題点

　生成 AI はこれまでにないタイプの技術であることから、以下のような様々な問題があると指摘されています。

- 事前学習データの偏り（言語、地域、バイアス）
- 事前学習データとして利用するときに断りがなかった
- 事前学習データが公開されていない
- 事前学習データに間違っている情報が含まれている可能性がある
- 事前学習データに著作権のあるデータが含まれている可能性がある
- 事前学習データに個人情報が含まれている可能性がある

　図 4.5.3 に生成 AI に関する問題点をまとめてみました。大きく分けると、事前学習に使われたデータの収集方法に関するものと、生成された出力と事前学習データとの関係に関するもの、内容の正確性を人間が過大に期待していること、などです。

　特に生成 AI で作成されたコンテンツに関しては様々な議論が行われています。「プログラムによって生成されたものは著作物ではない」とされているので、生成 AI の出力自体には著作権法は適用されません。しかし出力を著作物の一部として公開すると著作権法の適用対象となり、著作権トラブルが生じる可能性があります。また、生成 AI の出力であることを意図的に隠すことでフェイクニュースが容易に作成できてしまうといった社会的な問題もあります。社会に与えるインパクトという観点では、これまでクリエイティブとされてきた多くの職業が AI によって取って代わられるかもしれないということも心配されています。

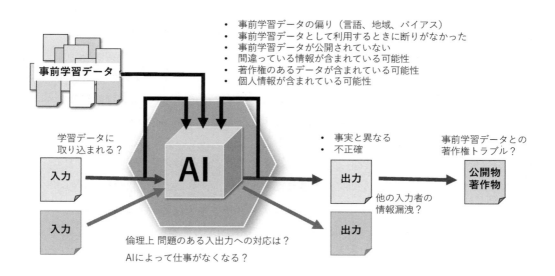

図 4.5.3　生成 AI に関して指摘されている問題点

4.6　演習問題

演習 1. 自分と誕生日が同じ有名人を調べてみましょう。

演習 2. 「小学校におけるプログラミング教育」についての資料を検索する場合、どのような検索キーワードが考えられるでしょうか。

演習 3. 今年の「情報セキュリティ 10 大脅威」について調べてみましょう。

演習 4. 検索キーワードとして「AND」を使いたいときにはどうしたらいいでしょうか。

演習 5. 自然エネルギーを利用した発電方式にはどのようなものがあるでしょうか。

演習 6. 原子力発電所のデメリットを調べてみましょう。次に原子力発電所のメリットを調べてみましょう。

演習 7. 友人と同じキーワードで検索して、検索結果が同じかどうか比べてみましょう。

演習 8. Web サイト検索では、ページを書いている人の表記揺れによって検索結果の件数が変わることがあります。以下のものはどちらが検索結果が多いでしょうか。検索結果が多い方が「正しい」といえるでしょうか。
- 「シミュレーション」と「シュミレーション」
- 「デジタル」と「ディジタル」
- 「コンピュータ」と「コンピューター」

演習 9. Bing Chat や ChatGPT のサービスを利用してみましょう。どちらのサービスもアカウントを作る必要があります。

演習 10. AI の性能が今後向上していくと、いつかは地球上の全人類の知性を超えると考えられています。この時点は「シンギュラリティ（Technological Singularity; 技術的特異点）」と呼ばれています。シンギュラリティがいつ頃になると予想されているか調べてみましょう。

演習 11. フェイクニュースの例として、どのようなものがあるでしょうか。

演習 12. 生成 AI によってフェイク動画が手軽に作成されるようになっています。フェイク動画によってどのような被害が発生しているか調べてみましょう。

第5章

情報セキュリティの基礎

5.1　情報セキュリティの3要素

　セキュリティ（Security）という言葉は日常的にもよく耳にするようになってきました。日本語にすると「安全であること」を意味します。情報セキュリティとは「情報が安全である」ということです。情報セキュリティには大きく以下の3つの要素（観点）があるとされています。

表 5.1　情報セキュリティの3要素

要素	説明
完全性 (Integrity)	情報が正しいこと
可用性 (Availability)	使う権限がある人が使いたいときに使えること
機密性 (Confidentiality)	その情報を知ってはいけない者がその情報にアクセスできないこと

　情報セキュリティの3要素について、アドレス帳を例に考えてみましょう。

　完全性とは、アドレス帳に載っている氏名、住所、電話番号、メールアドレスなどが正しいということです。完全性に対する脅威にはどのようなものがあるでしょう？住所や氏名を書き間違えると正しくないので、完全性が損なわれます。友人がメールアドレスを変更したときに、その変更が反映されていなければ、やはり完全性が損なわれます。つまり、一度正しかった情報であっても、その後の状況の変化により正しくなくなることがあるのです。完全性を保つためには、記録されている内容が正しいかどうかを確認し、内容が正しくないことが判明したらすぐ更新することが必要です。これは現実にはとても難しいことです。

可用性とは、アドレス帳を使いたいときにすぐアクセスできるということです。例えば自宅の鍵のかかる引き出しの中に（紙の）アドレス帳を入れていたら、外出先ですぐにアクセスできません。これは可用性が低い状態です。スマートフォン内のアドレス帳は外出先でも参照できるので、紙よりは可用性が高いと言えます。しかしバッテリがなくなったら可用性が失われます。可用性を維持するためには、例えば充電済みのモバイルバッテリも持ち歩くといった対策を取ることになります。

機密性は、アドレス帳にアクセスさせてはいけない人に見られないようにする、ということです。ここでは書いた本人以外には見られたくないと想定しましょう。どのような脅威が考えられますか？机の上に置いてあるアドレス帳を親が覗き見る、落としたときに拾ってくれた人が見てしまう、自分がアドレス帳を見ているときに後ろから覗き込まれる、というのもあるかもしれません。他人にアクセスさせないようにするためには、安全な場所に保管する、鍵をかける、暗号化する、などといった対策を取ることになります。

情報セキュリティが難しいのは、これらの3要素すべてを同時に高めることができない、という点にあります。一般に、機密性を高めようとすると可用性が下がります。個々の情報についてどの観点が重視されるのかを考え、それに合わせて取り扱い方法が変わることになります。

5.2　認証と認可

情報システムやサービスの中にはすべての人に同じサービスを提供するのではなく、サービスを受けるための条件があったり、一人ひとりサービス内容が異なったりするものが多くあります。

人によってサービス内容を変えるには、まず利用者個人を識別する必要があります。一般社会では、個人を識別するために通常用いられるのは「名前」なので、私たちは相手に「名乗る」ことによって自分固有のサービスを受けます。

複数の利用者が使用する情報システムやサービスでは、「名前」を識別に使うことができません。同姓同名の問題があるからです。そこで重複しないように人為的に割り当てた「ユーザID」を使います。あるシステムにユーザIDが登録されているとき、「そのシステムにアカウントがある」と表現します。

5.2.1　認証

サービスの内容が個人の利害に強く結びついている場合には、「名乗った人物」と「名乗った内容」との対応が正しいかどうか判断しなければなりません。誰でも他人の名前を「名乗る」ことができるので、名乗っただけでは本人であるかどうかの確認になりません。認証とは、「そのシステムやサービスをこれから利用しようとしている者が誰であるか」を確認することです。対面の場合には、学生証や運転免許証やパスポートといった身分証明書の提示によって行なっています。

　システムの場合も同様で、ユーザ ID の入力は他人にもできるので、「ユーザ ID を入力した人物が確かに本人であること」を確認しなければなりません。認証には様々な方法がありますが、皆さんに馴染みがあるのは「本人しか知らないはずのパスワードを知っていたら本人とみなす」という「パスワード認証」でしょう。

5.2.2　認可

　本人確認ができたらシステムを自由に使えるのかというと、そうでもありません。

　情報システムの場合、その利用者の属性に応じて利用できるサービスの範囲が変わります。例えば e-Learning システムの講義資料に着目すると、授業担当の教員は資料の作成や変更が可能、受講学生は閲覧・ダウンロードは可能だが、新規作成や変更は不可、受講していない学生は閲覧不能、といった具合です。メールシステムの場合には、自分のメールだけが閲覧可能で、他人のメールは閲覧できません。そもそもシステムの利用を断られることもあります。「あなたが誰なのかは認識しましたが、あなたには このシステムを使う資格はありません」ということも起こりうるのです。

　認証をした上で、アクセスの可否を判断することを「認可」と呼びます。認可を実現する仕組みは一般に**アクセス制御**と呼びます。認証と認可は一見似ていますが、全然異なる処理です。

5.2.3　認証基盤とシングルサインオン

　大学の中には、履修申告の管理システム、e-Learning システム、メールシステム、成績証明書発行機など、皆さんが利用できる情報システムが複数あると思います。これらの情報システム毎にユーザ ID やパスワードが異なると、利用者もユーザ ID とパスワードを覚えておくのが大変になります。そこで同一組織内で運用している複数の情報システムのユーザ ID とパスワードを統一的に管理できる専用の仕組みが導入されていることがあります。こういった仕掛けのことを**認証基盤**と呼びます。認証基盤を使って認証を行い、各情報システムでは認可の処理のみを行うわけです。

　共通の認証基盤を利用していても、情報システム毎に認証を求められると毎回ユーザ ID とパスワードを入力しなければならず面倒です。そこで認証をパスした状態になったら、一定時間内は別の情報システムを利用しようとしたときにパスワードを聞かれないようにする仕組みが考え出されました。これを**シングルサインオン**（Single Sign On; SSO）と呼びます。

5.3　パスワード認証

　パスワード認証は「パスワードを本人しか知らない」ことを拠り所としています。ユーザ ID とパスワードの組みがわかれば、誰でも本人になりすますことができます。それではパスワードを他人に教えなければ安全なのでしょうか？

　他人のアカウントにログインしようとする人を**攻撃者**と呼びます。攻撃者が実際にどのようにしてパスワードを突破するのかみてみましょう。個人のパスワードに対する主な攻撃手法を表 5.2 に示します。これらの攻撃に対して どのような対抗策が考えられるか、一つ一つ検討してみましょう。

表 5.2　個人のパスワードに対する主な攻撃手法

	攻撃手法	説明
1	リスト型攻撃	他所で流出した認証 ID とパスワードのリストに基づいて、他の様々なサービスに不正アクセスを試みる。
2	フィッシング	企業などになりすましたメールを送信し、偽の Web ページなどへ誘導して認証 ID とパスワードを入力させる。
3	キーロガー	ターゲットが使用するパソコンにキー入力を覗き見するプログラムやハードウェアを仕掛け、パスワードを盗む。
4	メモの入手	ターゲットがパスワードを忘れないように残したメモや、パスワードを記録したファイルなどからパスワードを突き止める。
5	ソーシャルエンジニアリング	攻撃者はターゲットに対して本人あるいは近い人物に接触し、パスワードの手がかりを得る。SNS などからの情報も含まれる。
6	辞書攻撃	「よく使われているパスワード」を用いて大量のアカウントに対してログイン試行を行う。
7	総当たり攻撃	理論的にあり得るパスワードのパターンをすべて試行する。

　リスト型攻撃では、攻撃者は流出した他所の情報システムの正しいユーザ ID とパスワードの組を入手しています。流出した情報システムと同じパスワードを他のシステムでも使っていると、芋づる式に侵入されます。最近はユーザ ID としてメールアドレスを使うシステムが多いので、複数のシステム間でユーザ ID が共通になることが多く、パスワードさえわかればすぐ侵入できます。有効な対抗策は、**情報システム毎に異なるパスワードをつける**ことです。

フィッシング詐欺を仕掛けられて気づかなかった場合、利用者はフィッシング詐欺サイトに正しいユーザ ID とパスワードを入力してしまうことになります。複雑なパスワードをつけていても関係ありません。対抗策は、フィッシング詐欺にだまされないよう、**利用者のリテラシーを高めること**以外にありません。

キーロガーを使った攻撃では、利用者が入力したユーザ ID とパスワードがすべて記録されてしまいます。しかし、キーロガーを仕掛けるためには、攻撃者がパソコンにアクセスできることが必要です。有効な対抗策は、**自分のパソコンを他人に使わせないこと**、そして**管理が適切に行われていない恐れのあるパソコンは使わないこと**です。

メモからパスワードを入手されてしまう場合、攻撃者はメモを見ることできるほどターゲットの身近にいます。攻撃者は、ターゲットのこと（趣味、人間関係）を既によく知っています。有効な対抗策は、**推測されにくいパスワードをつけること**、そしてそれを**安全な方法で管理すること**です。

ソーシャルエンジニアリングでは、ターゲットの日常に詳しい身近な人からパスワードのヒントを情報収集します。ターゲットが SNS で日常生活を自ら発信している場合には、そこでヒントが漏れていることがあります。その場合には、攻撃者は遠くからでも情報収集できます。有効な対抗策は、身の回りのものに関連しない**推測されにくいパスワードをつけること**です。

辞書攻撃では、攻撃者は実際に対象のアカウントのパスワードを知っているわけではなく、「よく使われているいくつかのパスワード」で手当たり次第に攻撃を試みるだけです。そのため「qwerty」「123456」「pass1234」といった単純なパスワードを使っていると攻撃が成功しやすくなります。この攻撃は、**ある程度の複雑さをもったパスワードを設定する**だけで防御できます。

総当たり攻撃はわかりやすい攻撃方法ですが、計算時間の観点からは非常に効率が悪く、現実に実行されることは稀です。この攻撃に対しては**ある程度の長さのパスワードをつけること**が防御になります。

以上をまとめると、以下のような方法でパスワード認証をより安全にできることがわかります。これら以外にも、SNS で発信する情報に気をつける、フィッシングメールを見破る力をつける、といった情報リテラシーの向上も大事です。

1. ある程度の複雑さと長さを持った、推測されにくいパスワードをつける。
2. 異なる情報システムで同じパスワードを使い回さない
3. パスワードの管理には、メモではなくパスワード管理ツールを使う

—— パスワードを忘れたとき どうして教えてもらえないの？ ——

　認証を行うために情報システム側にもパスワードが格納されています。パスワードを忘れたとき、どうしてそれを取り出して教えてもらえないのでしょう？実は情報システムに格納されているパスワードは元の姿ではなく、一方向性関数で変換された後のデータだけなのです。この変換後のデータからは元のパスワードを復元することができません。

　復元できないのに、ユーザ認証のときにはパスワードが正しいことが確認できるのはなぜでしょう？実は入力されたパスワードを同じように一方向性関数で変換し、その結果と保存されているデータとを突き合わせて判定しているのです。

—— 「強い」パスワードってどういうこと？ ——

　銀行の暗証番号で考えてみましょう。暗証番号は普通4桁の数字ですから、10,000通り総当たりで試せば必ずいつかは正しい暗証番号が見つかります。パスワードの長さが長ければ長いほど、また使用できる文字の種類が多いほど組み合わせが多くなり、総当たり攻撃が大変になります。

　パスワードの長さが同じならばどれも破られにくさは同じでしょうか。総当たり攻撃で「0000」から順番に試すなら「9999」が一番最後になりますが、「0000が最弱で9999が最強」と思う人はいないでしょう。

　人は、4桁の数字なら「0000」「1111」などのゾロ目や何かの記念日、自分の車のナンバープレートの番号といった、覚えやすい番号を付ける傾向があります。仮に全体の50%の人が日付型の暗証番号をつけているという統計があるとします。そうすると攻撃者はたった365通り（10,000通りの4%にも満たない）を試すだけで、50%の確率で「当てる」ことができることになります。こんなオイシイ偏りを攻撃者が見逃すはずがありません。

　「多くの人が付ける傾向が高いパスワード」は、「攻撃者が優先的に試すパスワード」となり、結果として「破られやすい弱いパスワード」となります。

　パスワードに使える文字種が「数字、英字の大文字、小文字」の場合に同じ長さ6文字の2つのパスワード「secret」と「04dJ8a」を考えてみましょう。長さ6文字の文字列は $(10 + 26 + 26)^6$ 通りあります。攻撃者が適当に試した6文字のパスワードが「当たる」確率は、均等に $1/(10 + 26 + 26)^6$ ではありません。意味のある英単語になっているもの、キーボードから入力しやすいものなど、多くの人が付けてしまいがちなパスワードがあります。攻撃者はそういうパスワードを集中的に試してくるので、「secret」のほうが「04dJ8a」よりも「はるかに弱い」パスワードということになります。

5.4 多要素認証

パスワード認証では、ユーザ ID とパスワードがバレたら なりすましができます。フィッシング詐欺の手口も年々巧妙になっており、せっかく複雑なパスワードをつけてもフィッシングで盗み取られる危険性はゼロではありません。またパスワード管理がずさんで情報システムからパスワードが流出する事故も時々発生しています。すなわちパスワード認証では、「利用者が気をつけてさえいれば安全」とは言えない状況になっています。パスワードに変わるもっと安全な認証方式はないのでしょうか。

認証方式にはパスワード認証以外にも様々な方法があります。認証を行う際に利用する情報は表 5.3 に示す 3 つに大きく分類されます。これらを**認証の 3 要素**といいます。

これらの認証情報にはそれぞれ利点と欠点があります。互いの欠点を補完し合うように 2 つの要素を組み合わせる認証方式を **2 要素認証**（2 Factor Authentication; **2FA**）、それ以上の要素を組み合わせて認証を行う方式を**多要素認証**（Multi Factor Authentication; **MFA**）と呼びます。同じ要素で異なる情報を利用する方式は単なる**多段階認証**です。

知識情報を用いた認証においてその知識を他人に漏らさないことが重要であるのと同様に、所持情報を用いた認証では、その物を本人以外に所有されないことが重要です。

表 5.3　認証の 3 要素

要素	説明	例
知識情報 What You Know, knowledge factor	本人だけが知っている情報を確認する。記憶するだけでよいため、汎用性が高くコストも低い。忘却、漏洩の危険性が高く、漏洩に気付きにくい。	パスワード、PIN、秘密の質問など
所持情報 What You Have, possession factor	本人だけが持っているものを確認する。物理的なものであるため紛失や盗難の危険性があるが、無くなったことには気づきやすい。	スマートフォン、USB トークン、IC カードなど
生体情報 What You Are, inherence factor	本人の身体・行動にかかわる固有の属性を確認する。一般的に不同なものを利用する。	顔、指紋、声紋、虹彩、静脈パターンなど。広義では署名も含む。

5.4.1　多要素認証の例

多要素認証の具体例を見てみましょう。ここではパスワード認証と、所持情報としてのスマートフォンとを組み合わせています。スマートフォンを用いた認証のために、認証に使うスマートフォンには認証用アプリをインストールし、情報システムにはその認証用アプリの固有の情報を予め登録しておきます。

認証システムにアクセスしてユーザ認証を行うと、はじめにパスワード認証が行われますので、ユーザIDとパスワードを入力します。パスワード認証を通過すると、つぎにスマートフォンを使った認証が行われます。スマートフォンを使った認証にはいくつかの方法が選べるのですが、例えば認証用アプリを立ち上げると表示される6桁程度の数字を認証システムに入力します。この数字は1分毎に更新される**ワンタイムパスワード**になっています。2つめの認証も成功すると、はじめて情報システムが利用できます。アプリが使えない旧来の携帯電話の場合には、

仮にパスワードが流出して闇市場に流れ、それを利用して攻撃者に1段階目の認証が突破されたとしても、登録されたスマートフォンを持っていない攻撃者は2つ目の認証を突破することができません。すなわち多要素認証を行うことによって、直ちには損害が出ないようにすることができます。

スマートフォンを紛失すると基本的に自分はログインできなくなります。では、拾った人はどうでしょう。

多要素認証を使っていても、スマートフォンにロックがかかっておらず、さらにスマートフォンの中にユーザIDとパスワードをメモっていたら、多要素認証に必要なすべての情報が拾った人の手に渡ってしまいます。スマートフォンのロックの重要性が増していることがわかります。

リスクベース認証とアダプティブ認証

多要素認証では複数回の認証を行うのがやはり若干面倒です。そこで、例えば学内ネットワークからアクセスしたときはパスワード認証だけにし、学外からアクセスしたときには多要素認証を行うという設定にすれば、利用者の負荷を少し軽減することができます。

また、平常時の行動パターンを情報システム側が学習し、いつもと同じところからのアクセスだと2段階目の認証を省略し、いつもと違うところからアクセスがあったときにだけ多要素認証を行う、といったものもあります。

これらは危険度や疑わしさに応じて認証方式を切り替えるもので、**リスクベース認証**や**アダプティブ認証**と呼ばれています。

5.5　ソーシャル認証

　新しいネットワークサービスの中には、認証のためのパスワードを独自に発行する代わりに、Facebook や X（旧 Twitter）といったソーシャルメディアのアカウントと紐付け、そちらで認証ができたらサービスを利用させるものが増えています。

　こういった形態の認証を**ソーシャル認証**と呼んだりします。ソーシャルメディアを一種の認証基盤として扱っていることになります。利用者が覚えなければならない ID とパスワードの組が減らせるという利点がある一方、万一ソーシャルメディアのアカウントに侵入されてしまうと、ソーシャル認証でつながっている他のサービスにも侵入を許してしまうという危険性もあります。

　またソーシャルメディアの ID に関連づけられることにより、個人情報が必要以上に収集されることにつながるのではないかという危険性を訴えている人たちもいます。

「秘密の質問」には意味があるか

　1 回目の通常のパスワード認証の後に、「秘密の質問」に対する答えを入力させる"二段階認証方式"を採用している情報システムが見受けられます。この方式はセキュリティ的に強度が増しているのか考えてみましょう。

　パスワードと「秘密の質問」は 2 段階で認証していますが、要素としては同じ知識要素しか確認していないので、単要素 2 段階認証ということになります。一つの長いパスワードを前半と後半に分けて入力していると考えれば、パスワードが長くなったことによるセキュリティ強化の効果はありますが、知識認証の弱点は残ったままです。

　特に「母親の旧姓」や「最初に買った車」「ペットの名前」などは、X（旧 Twitter）や Facebook などで自ら公開している人も多く、「本人しか知らない情報」とはとてもいえません。また統計的に大きな偏りがあるため、英語圏であれば「好きな食べ物」に「Pizza」と回答すれば 19.7% の確率で突破できるという研究結果もあります [13]。

5.6　演習問題

演習 1. 大学の Web サイトを例に、完全性、可用性、機密性がどうなっているか考えてみましょう。

演習 2. スマートフォンには様々な情報、アプリが入っています。スマートフォンにロックをかけていない場合、置き忘れたり盗まれたりしたときにどのような被害が考えられるでしょうか。

演習 3. パスワードの漏洩事件などを分析した結果に基づいて、「弱い（悪い）パスワード」のランキングが発表されることがあります。どのようなパスワードがランキングの上位にきているか、調べてみましょう。

演習 4. 複数の Web サービスのパスワードを使い回すと、芋づる式にアカウント乗っ取りの被害に遭います。そのためそれぞれの Web サービスには異なるパスワードを使うことは必須です。どのようにすれば Web サービス毎に異なり、覚えやすく、比較的安全なパスワードを作成できるでしょうか。

演習 5. パスワードは、定期的に更新したほうが安全であると言われています。しかし一方で、定期的に変更することは攻撃成功率を下げる効果はない、という研究報告もあります。パスワードの更新間隔は短い方がいいのか、長い方がいいのか、考えてみましょう。また、その根拠は何でしょうか？

演習 6. 情報システム毎に異なる複雑なパスワードを安全に管理するために、様々な製品が販売されています。どのような製品があるか調べ、その管理の安全性について議論してみましょう。逆に危険になっている側面はないでしょうか。

演習 7. 個人認証の方法として、どのようなものがあるか調べてみましょう。必ずしも情報技術を利用しているとは限りません。

演習 8. 銀行 ATM の暗証番号は数字 4 桁だけです。この桁数でもそれなりの安全性を確保するために、どのような工夫が行われているか考えてみましょう。多要素認証は使われているでしょうか。

演習 9. 多要素認証の一要素として生体情報があります。どのような生体情報が認証情報として利用できるか、調べてみましょう。また生体情報を用いた認証のデメリットは何でしょうか。

演習 10. 多要素認証の一要素として、登録されたスマートフォンを所持しているかどうかを確認するシステムが増えています。万一スマートフォンを紛失した場合、どうなるのか調べてみましょう。

第6章

ネットワークと安全のための情報技術

6.1 World Wide Web の仕組み

WWW は、情報を発信する側となる Web サーバと、Web サーバにアクセスして情報を取得する Web クライアントから成り立っています[1] 。取得した情報を画面に表示する機能を持つプログラムは「Web ブラウザ」と呼ばれます。有名な Web ブラウザには、「Microsoft Edge」「Google Chrome」「Mozilla Firefox」「Safari」などがあります。

Web サイトにアクセスするには、Web ページの場所の情報である **URL** を Web ブラウザのアドレスバーに入力します。実際のところ、私たちは普通 Web サイトの URL を知らないので、Web ブラウザに URL を手で入力することはほとんどありません。検索サービスを利用して目的の Web サイトへのリンク（この中に、先ほどの URL の情報が埋め込まれています）を手に入れたり、メール中のリンクをクリックしたり、あるいはスマートフォンやタブレットのカメラで QR コードを撮影することで URL を取得しているのではないでしょうか。

Web ブラウザに「`http://www.example.com/index.html`」という URL が入力されたとき、Web ページが表示されるまでに何が行われているのか、確認しておきましょう。

URL の分解

Web ブラウザはまず、`http://www.example.com/index.html` という URL を「`http`」「`www.exaple.com`」「`/index.html`」という 3 種類の情報に分解します。

`http`	情報にアクセスするための通信手順（プロトコル）
`www.example.com`	Web サイトのホスト名（Fully Qualified Domain Name）
`/index.html`	Web サイト上のデータのパス名

---

[1] インターネット上のサービスの多くは、こういったクライアント-サーバシステムになっています。「クライアント」とはサービスを要求するプログラムのこと、「サーバ」とは要求に応じてサービスを行うプログラムのことです。

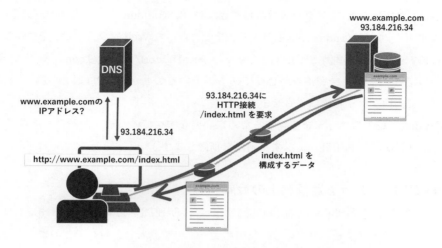

図 **6.1.1**　Web サイトへのアクセスの流れ

IP アドレスの取得

　Web ブラウザはインターネット中にあまたある Web サイトの中から www.example.com のホスト名を持つ機器を見つけ出して通信路を確立しなければなりません。インターネット上の機器には重複しない IP アドレスが割り当てられているので、この IP アドレスがわかればその機器との通信を行うことができます。

　www.example.com というホスト名の IP アドレスを調べるには、DNS（Domain Name System）を利用します。もしホスト名が DNS に登録されていなかったら、「Host Unknown（Web サーバが見つかりません）」というエラーになります。

　www.example.com の IP アドレスを調べると、「93.184.216.34」という結果が得られます。これで Web ブラウザは www.example.com という名前の Web サイトのデータは、93.184.216.34 という IP アドレスを持つ機器にあることを知ります。

Web サーバへの接続

　Web ブラウザは、93.184.216.34 に対して通信を試みます。もし、93.184.216.34 という IP アドレスを持つ機器が実際には存在していない場合、あるいはたまたま停電などで Web サーバが動いていない場合には、通信ができません。この場合には「Web サーバに接続できません」というエラーになります。

データの取得

　Web サーバの接続に成功したら、Web ブラウザは **HTTP** という手順にしたがって「/index.html」のデータを要求します。

　Web サーバは/index.html に対応するデータが自分のところにあるかどうか調べ、もしあるならばその内容を Web ブラウザに送信します。対応するデータがなければ「見つからない（Not Found）」というエラーになり、対応するデータがあってもアクセスが

禁止されていると、「アクセスは許可できない（Forbidden）」というエラーになります。Web サーバから/index.html のデータを受け取った Web ブラウザは、その中身を解析します。その結果、例えば http://www.example.com/image/logo.png という URL で指定される画像ファイルが必要である、ということがわかれば、上述の流れを再度行って画像ファイルを取り寄せます。

/index.html のページを描画するために必要なすべてのパーツがそろったら、Web ブラウザは実際に利用者に提示する画面を描画します。

6.2　HTTP における通信路上の脅威

Web ブラウザと Web サーバの間の通信で用いられる HTTP というプロトコルでは、通信途中のデータがそのまま送られています。このデータのやりとりに対してどのような脅威が考えられるのか、みてましょう。

図 6.2.2 を見てください。まず思いつくのは**盗聴**です。盗聴は、やりとりされる情報を通信路上で盗み見ることです。インターネットは、各組織のネットワークが相互接続して成り立っている巨大なネットワークなので、Web ブラウザと Web サーバの間の通信も他所のネットワークの上を運ばれていきます。したがって途中のネットワーク上で通信を覗くことが原理的にできてしまいます。

同様に**改ざん**もできます。改ざんとは、やり取りされる情報を途中で第三者が勝手に書き換えることです。Web サーバからのデータを書き換えることにより、利用者の手元の Web ブラウザでは、本来の情報とは異なる画面になっているかも知れません。

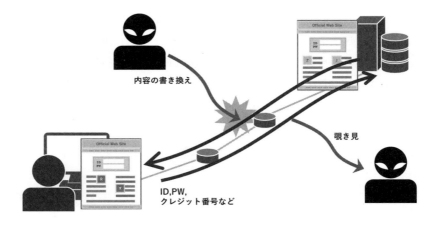

図 **6.2.2**　**HTTP** は安全ではない

6.3 暗号通信路と HTTPS

盗聴と改ざんは、暗号通信路を用いることで防御することができます。HTTPS（HTTP over SSL）は SSL(Secure Socket Layer) という暗号通信路を使う HTTP です。やりとりされるデータは暗号化されているので、たとえ覗き見されても意味がわかりません。

改ざんに対しても意味がある書き換えができなくなります。データの書き換えが不可能になっているわけではないので、暗号化されたメッセージを書き換えることはできます。しかし、復号したときに意味のあるデータになる確率が極めて低いのです。復号結果が HTTP として意味が通じないデータになれば、Web ブラウザがエラーとして処理するため、利用者が偽の情報に騙されることはなくなります。

イメージとしては、図 6.3.3 に示すように第三者からの攻撃をブロックしてくれる安全なパイプを通して通信していると考えればいいでしょう。

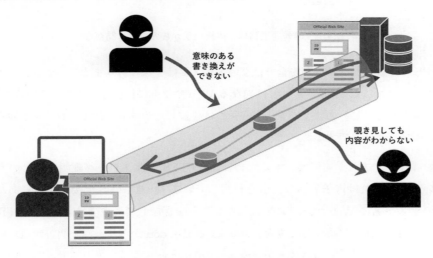

図 6.3.3　HTTPS を使うと改ざんや盗聴に対して防御できる

6.4 暗号通信路を使っていれば安全か

暗号通信路を使うことで盗聴や改ざんから守られることがわかりました。では、暗号通信路を使っていれば絶対安全なのでしょうか。他の脅威はないのでしょうか。

残念ながら暗号通信路だけでは安全とは言い切れません。例えば、図 6.4.4 に示すように、接続した相手がマルウェアばらまきサイトだった場合、Web サイトからダウンロードしたプログラムにマルウェアが混入していても暗号通信路は守ってくれません。マルウェアを "安全に" パソコンまで送り届けてくれるだけです。暗号通信路は通信している相手からの攻撃は防いでくれません。

私たちは、HTTPS であったとしても接続した Web サイトが安全かどうか、自分で見抜かなければならないのです。

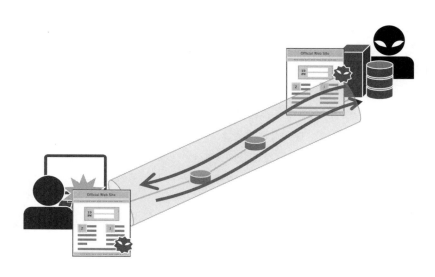

図 6.4.4　暗号通信路は、接続相手からの攻撃は防がない

　HTTPS で接続したサイトが安全ではないケースには 2 通りあります。一つは、元々自分が接続するつもりだった Web サイトとは異なる Web サイトに接続してしまっているケースで、いわゆる「なりすまし」の状態です。もう一つは接続したサイト自体がそもそも危険なサイトだった、というケースです。

　前者の「なりすまし」を困難にするために、HTTPS では「サーバ証明書」という手法を用いています。これは電子署名の技術を利用しています。HTTPS で接続するにあたり「確かにそのホスト名の Web サーバに接続した」ことを保証してくれます。例えば HTTPS で「`www.example.com`」に接続した場合、`www.example.com` からサーバ証明書が送られてきます。サーバ証明書には「このホストが `www.example.com` で間違いありません」ということを第三者である**認証局**が保証したことを示すものとなっています。仮に「`www.examp1e.com`」というサイトが `www.example.com` になりすまそうとしても、`www.example.com` のサーバ証明書を作ることができません。

　Web ブラウザでは HTTPS 接続にあたり、サーバ証明書を検証することで「URL で指定されたホスト名をもつ Web サイトと直接暗号通信で接続している」ことを確認できます。サーバ証明書の検証をパスしたかどうかは、鍵のかかったアイコンを表示したりアドレスバーの背景を緑にしたりするといった方法で、Web ブラウザ上で利用者にわかるように示されます。

　Web ブラウザでどこかの Web サイトに HTTPS で接続したときに、もしアドレスバーが赤くなっていたら「サーバ証明書はあるけど信頼できない（検証ができない／検証に失敗した）」ことを表しています。そのような Web ページでは、原則としてユーザ ID やパスワードといった機密情報や個人情報を入力してはいけません。最近の Web ブラウザは、サーバ証明書の内容が検証できない時点で警告を出し、そもそも Web ページを表示しないものが増えています。

6.5　サーバ証明書の検証をパスすれば安全か

サーバ証明書の検証をパスして、アドレスバーが緑になっていたら安全でしょうか。残念ながらそうとも言い切れません。サーバ証明書が保証するのは、あくまでもホスト名と暗号通信用の情報に矛盾がないことだけです。つまり、`www.examp1e.com` という Web サイトに HTTPS で接続したとき、`www.examp1e.com` 用のサーバ証明書を提示されれば、検証はパスするのです。

もし利用者が `www.example.com` に接続するつもりで、気づかずに `www.examp1e.com` にアクセスしたとしても、Web ブラウザは「URL が（あなたが思っているところと）違っている」ことを教えてくれるわけではありません。

もしかしたら、あなたが接続した Web サイトは、本当に自分が接続したかったところではないのかもしれません。「接続しようと思った Web サイト」に正しく接続できたかどうか、どうやって判断したらいいのでしょうか。自分が接続しようと思った Web サイトの正しい URL を知っていれば、アドレスバーに表示される URL をみて「あ、違うところに接続してしまった」と気づくことができます。

しかし、URL 中のホスト名を気にしている人はほとんどいないのではないでしょうか。Web サイト中のリンク、メール本文中のリンク、QR コードなど、利用者が URL をそれほど意識せずに Web サイトに誘導する仕組みは至るところにあります。表示された画面を見て、それらしければ「本物」と思ってしまうのではないでしょうか。それがまさにフィッシング詐欺メールが狙っているポイントです。

公式サイトなどであれば、複数のメディアや場所で同じ URL が提示されています。自分がよく利用する Web サイトは、正しいところに接続できていることを確認した上でブックマークしておくと良いでしょう。

6.6　無線 LAN の安全性

無線 LAN アクセスポイントとパソコンの間は電波で通信しています。図などでは電波が直線的に飛んでいくように描かれることが多いのですが、実際にはアンテナから全方位に向かって送出されています。電波到達圏内に存在すれば誰でも電波を受信できるので、原理的には誰でも信号を「盗聴」できます。

通信データを盗聴されても通信内容を漏らさないために暗号化は必須です。無線 LAN AP とパソコンの間の暗号方式は WEP, WPA, WPA2 のように様々なものがありますが、利用できる最も強い方式を設定しましょう。なお、古いアクセスポイントでは弱い暗号方式しか対応していないので、長期間使っている場合は買い替えを検討してください。

6.7 暗号の基礎

情報セキュリティを技術面から支えるのが暗号です。ここでは暗号技術の基礎を説明します。

6.7.1 暗号の基本構造

暗号は、古くは古代ローマ時代から利用されており、ガイウス・ユリウス・カエサル（Gaius Julius Caesar）が利用していたとされるシーザー暗号[2]が有名です。シーザー暗号は図 6.7.5 に示すように、「文字を表記する際に、決まった数だけずらした文字に置き換える」ものです。

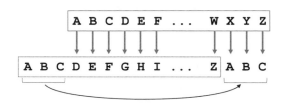

図 6.7.5　シーザー暗号 [鍵：3]

一般に暗号は図 6.7.6 に示すように、「暗号化／復号の方法」と「鍵」から構成されます。

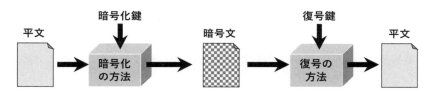

図 6.7.6　暗号の基本的な構造

シーザー暗号の場合、暗号化の方法は「文字を右方向にずらす」であり、鍵は例えば「3」ということになります。一方、復号の方法は「文字を左方向にずらす」で、鍵は変わらず「3」となります。このようにして、元の文章（平文：ひらぶん）を暗号化したもの（暗号文）を相手に送信します。受け取った相手は暗号文を復号し、平文を得ます。このようにすれば通信を盗聴されていたとしても、何が書いてあるのかわかりません。暗号文を入手した攻撃者が、元の平文あるいは暗号文作成に使用された鍵を割り出すことができたとき、「暗号文が**解読**された」といいます。

「暗号化／復号の方法」が攻撃者に知られている場合、原理的には総当たりによって「読める平文が出現する鍵」を見つけることができます。シーザー暗号では鍵の種類はアルファベットの数と同じで高々 26 通りしかないので、総当たりは非常に簡単です。そのため古典的な暗号では、「暗号化／復号の方法」と「鍵」のいずれをも秘密にしておくことが重要でした。

---

[2] 「シーザー」は Caesar の英語読みです。

6.7.2　共通鍵暗号方式

現代暗号では、「暗号化／復号の方法」は非常に注意深く設計されており、また鍵の長さも十分大きくなりました。総当たり攻撃で試さなければならない鍵の数が莫大になり、高速なコンピュータを用いても実用的な時間では終わらないようにできました。その結果、「暗号化／復号の方法」は公開しても、鍵を秘密にしておくだけで実用上十分な強度が得られるようになっています。

暗号化と復号で同じ鍵を利用する暗号方式を**共通鍵暗号方式**[3]（common key cryptosystem）と呼びます（図 6.7.7）。

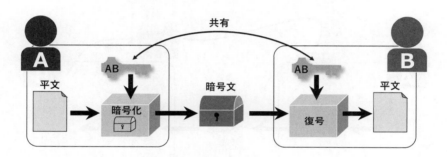

図 **6.7.7**　共通鍵暗号方式

1. A さんと B さんは、事前に同じ鍵を共有しておく。
2. A さんは共通鍵を使って文書を暗号化する。
3. A さんは暗号文を B さんに送信する。
4. 暗号文を受け取った B さんは、共通鍵を使って復号し、文書の平文を得る。

共通鍵暗号では、暗号文を作成できるのは共通鍵を知っている人だけであり、また、復号することができるのも共通鍵を知っている人だけです。したがって、A さんと B さんの共通鍵が第三者に漏洩していない限り、受信者は、受け取った暗号文を作成したのがメッセージを送信してきた相手であると判断できます。

共通鍵暗号方式で問題となるのは、鍵をどのようにして送受信者間で共有するのか、ということです。ご近所さんならば直接会ったときに鍵を渡せば良いのですが、遠く離れていたらどうしたらいいでしょう。普通の通信方法では第三者に鍵を盗聴されてしまう恐れがあります。盗聴防止のためには暗号通信が必要です。鍵共有問題は、簡単そうで意外と難しい問題なのです。

---

[3] 対称鍵暗号方式（symmetric key cryptosystem），秘密鍵暗号方式（secret key cryptosystem）などと呼ばれることもあります。

6.7.3　公開鍵暗号方式

　暗号の技術に革新的な発見がありました。これまで暗号化と復号で同じ鍵を使っていたのを
やめ、暗号化と復号化の鍵をそれぞれ別々にします。このとき一方を公開しても他方の秘密が
守られるようにできる方法が見つかったのです。一方の鍵を公開できることから、**公開鍵暗号
方式**（public key cryptosystem）と呼ばれます。公開する方の鍵を**公開鍵**（public key）、他
方を**秘密鍵**（secret key）と呼びます。秘密鍵と公開鍵はペアになるように生成するのですが、
公開鍵からは秘密鍵が容易に推測できないという性質があるため、公開鍵を公開することがで
きます。

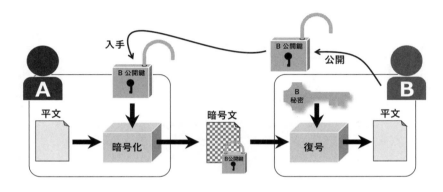

図 **6.7.8**　公開鍵暗号方式

　共通鍵暗号方式では共通鍵を事前に共有するにはどうしたらよいか、という問題がありまし
た。公開鍵暗号方式ではこの問題がありません。例えば、A さんが B さんに秘密の文書を送る
には次のようにします（図 6.7.8）。

1. 受信者である B さんが秘密鍵と公開鍵の対を作成する。
2. B さんは公開鍵を A さんに平文のまま送る。（公開鍵は他人に見られても問題ない）
3. A さんは入手した公開鍵を使って文書を暗号化する。
4. A さんは暗号文を B さんに送信する。
5. 暗号文を受け取った B さんは、秘密鍵を使って復号し、文書の平文を得る。

　暗号文の内容を復号できるのは秘密鍵を持っている B さんだけなので、暗号文の秘密が第三
者に漏れることはありません。しかし、暗号化に使う鍵は公開されているので、誰でも B さん
宛に暗号文を送ることができます。つまり B さんは、暗号文を作ったのが本当に A さんなの
か判断できません。

6.7.4　電子署名

　公開鍵暗号方式の公開鍵と秘密鍵の役割を取り替えると、文書に署名を付けることができます。署名とは文書の作成者（送信者）が誰なのか、はっきりとわかるようにできるという意味です。電子的な署名なので、**電子署名**（digital signature）と呼ばれます。例えば、A さんがB さんに電子署名をつけた文書を送るには次のようにします（図 6.7.9）。

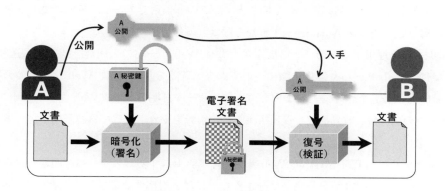

図 6.7.9　電子署名

1. A さんは秘密鍵と公開鍵の対を作成する。
2. A さんは秘密鍵を使って、文書の電子署名を作成する（暗号化）。
3. A さんは文書とその電子署名を B さんに送信する。
4. A さんは公開鍵を平文のまま B さんに送信する。（公開鍵は他人に見られても問題ない）
5. 文書と電子署名を受け取った B さんは、A さんの公開鍵を使って電子署名を復号（検証）する。

　電子署名を作成できるのは、検証に用いた公開鍵とペアになっている秘密鍵を知っている人だけです。つまり「A さんが署名した」ことが確認できたことになります。検証に用いた A さんの公開鍵は公開されているので、誰でも電子署名の検証（つまり暗号文の復号）ができます。電子署名付き文書は B さん宛であっても、その内容は B さん以外の人も確認できます。電子署名では秘密性は達成されていないのです。

　前節で述べた公開鍵暗号を用いた秘密通信と本節の電子署名を組み合わせることにより、A さんが送ったことが確認でき、かつ B さんだけが復号できるようになります。

6.7.5　サーバ証明書

Web の安全性のためにサーバ証明書という技術があることを紹介しました。ここでは、証明書がどういう仕組みなのか、説明します。

サーバ証明書とは、Web サーバの身分証明書です。身分証明書ですから、自分で「私は確かに私です。私が保証します。」といっても信用されません。身分証明書は、信用できる第三者が保証してくれることで初めて効力を持ちます。この「信用できる第三者」の役割を果たすのが、**認証局**（Certificate Authority; CA）と呼ばれる組織です。

Web サーバを運用する組織は、必要事項と共に Web サーバの公開鍵を認証局に送ります。認証局では、Web サーバや運用組織について調査・確認をした上で、Web サーバの公開鍵に対して認証局の署名をつけて返します。つまり、サーバ証明書とは、Web サーバのホスト名、Web サーバの公開鍵、有効期間、管理組織などの情報をセットにして、認証局が電子署名したものなのです。

Web ブラウザで HTTPS 対応の Web サーバにアクセスすると、サーバ証明書が送られてきます。このサーバ証明書が正しいか検証するためには、対応する認証局の公開鍵が必要です。実は皆さんの持っているパソコンや Web ブラウザの中には、認証局の公開鍵が入っています。この公開鍵を用いて、Web サーバから呈示されたサーバ証明書の検証が行われます。検証が成功すれば、Web サーバのサーバ証明書の内容は認証局が保証しています。つまり、サーバ証明書中のホスト名が現在接続している Web サーバと一致するならば、サーバ証明書から取り出された公開鍵を使って安全に通信できる、ということです。

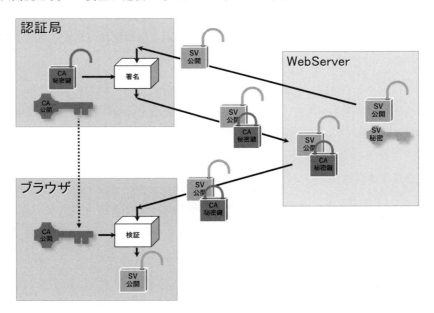

図 6.7.10　サーバ証明書の発行と検証

6.7.6　SSL/TLS

　公開鍵暗号方式は、鍵共有の問題がない、電子署名などの機能が実現できるといった利点がある反面、処理速度が遅いという欠点があります。

　そこで、Web ブラウザは、サーバ証明書から取り出したサーバの公開鍵をつかって、そのWeb ブラウザと Web サーバの通信のときだけ使用する共通鍵を共有します。この共通鍵のことをセッション鍵と呼びます。互いがセッション鍵を持てば、共通鍵を用いた暗号通信ができるようになります。この一覧の手続きで実現される暗号通信路を TLS (Transport Layer Security) と呼びます。なお、TLS はもともと SSL（Secure Socket Layer）と呼ばれていたため、いまなお「SSL/TLS」とセットで表記されることが多いようです。

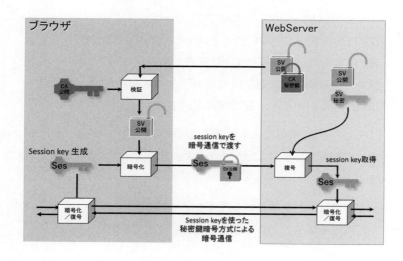

図 6.7.11　HTTPS の暗号通信路が作られる過程

HTTPS（HTTP over SSL）では以下のような流れになっています。

1. Web サーバから Web ブラウザへサーバ証明書を送信
2. サーバ証明書の検証
3. セッション鍵を生成しサーバの公開鍵により暗号化
4. 暗号化されたセッション鍵を Web サーバへ送信
5. Web サーバは、秘密鍵をもちいてセッション鍵を取得
6. セッション鍵を利用した暗号通信路を確立
7. 暗号通信路上で、HTTP のやり取りを開始

　実際の TLS では、ここの説明よりはるかに複雑な処理が行われています。例えば、お互いが共通に利用できる最強の暗号方式を見つける処理や、TLS に対する攻撃に対抗する処理などが含まれています。

6.8   演習問題

演習 1. 大学の Web サイトにアクセスしてみましょう。Web ページのソースコードを表示させてみましょう。

演習 2. 以下の暗号文はシーザー暗号を使って作られています。元の文章はなんでしょう。また鍵はなんでしょうか。

> JXUWJ HJSYWFYNSL NS JXU MJFYJI QJFX YMJ QFQQJ TK
> YMJ FSIJWFYMJ

演習 3. シーザー暗号以外の古典暗号について、どのようなものがあるか調べてみましょう。

演習 4. 次のうち正しいといえるものはあるでしょうか。

   1. HTTPS を使っていないサイトはすべて信用できない

   2. HTTPS を使っているサイトは信用できる

   3. 信用できるサイトは HTTPS を利用している

   4. 信用できないサイトは HTTPS を利用していない

演習 5. HTTPS で好きな Web サイトに接続してみましょう。Web ブラウザでは、サーバ証明書の内容を確認することができます。どのような内容が記載されているか調べてみましょう。

演習 6. サーバ証明書は電子署名という技術を使って実現されています。なぜ他のサイトのサーバ証明書を騙ることができないのか、調べてみましょう。

第7章

個人情報の保護

7.1　個人情報とは

7.1.1　プライバシーと自己に関する情報

　個人情報とは何でしょうか？個人情報はプライバシーの捉え方と密接に関係しています。

　プライバシーの考え方は時代とともに変化しており、1890年には、報道機関による私生活の暴露に対抗する司法上の権利として、「ひとりで放っておいてもらう権利」と考えられていました。その後、「私生活をみだりに公開されない法的保障ないし権利」としてプライバシーの権利が憲法上の権利として認知されるようになりました。1967年以降は「第三者が、自らに関する個人情報をどの程度取得あるいは共有することができるかを自ら決定できる権利」として、「自己に関する情報をコントロールする権利」と考えられています。これは行政機関や大組織が個人に関する情報を収集・管理するようになり、「個人が自己に関する情報を管理することが必要である」という認識が高まったことによります。

7.1.2　個人情報保護法における個人情報

　個人情報保護法[1]の中では個人情報を以下のように定義しています。

―――― 第2条第1項 個人情報 ――――

この法律において「個人情報」とは、生存する個人に関する情報であって、当該情報に含まれる氏名、生年月日その他の記述等により特定の個人を識別することができるもの（他の情報と容易に照合することができ、それにより特定の個人を識別することができることとなるものを含む。）をいう。

　氏名、生年月日のような個人に属していることがわかりやすい情報はもちろんですが、その部分だけではなく、特定できる情報を含むもの全体を個人情報を呼ぶことに注意が必要です。つまり、例えば販売店における以下のような販売記録があった場合、太枠の部分だけではなく、それを含む全体が個人情報保護法の対象となります。

日時	氏名	住所	年齢	電話番号	店舗番号	商品番号	金額

---

[1] 正式には「個人情報の保護に関する法律」という名称です。

　最後のカッコ書きの部分も重要です。少しわかりにくいですが、これは個人を識別することができる ID （Identifier; 識別子）も個人情報である、ということです。個人情報保護法では亡くなった人の情報を対象としていませんが、亡くなった人にはプライバシーがないと言っているのではありません。間違えないようにしましょう。

7.2　ID とトラッキング

　個人を識別するための ID は私たちの身の回りに溢れています。様々な Web サービスで登録したアカウントもそうですし、ポイントカードのカード番号もそうです。このような個人に紐づけられた ID は、顧客一人ひとりに対応したきめ細かなサービスを円滑に提供する上で必須といえます。国レベルではマイナンバーという番号を付与しています。

7.2.1　ID の付与方法

　情報処理の観点からは、区別して扱いたいものに対して区別できるような符号（ID）を割り振るのはごく自然なことです。ID はその目的によって様々な割り振り方があります。工業製品の場合、どの工場でいつ製造されたものかがわかればいいだけならば、同じ時期に同じ工場で製造された製品にはすべて同じ ID が割り振られます。個々の製品を区別したければ、1 台毎に異なる ID が割り振られます。

　私たちの身の回りでは、様々な場面で ID と個人の関連づけが試みられています。例えば、「SNS でお友達登録するとドリンクサービス！」「空メールを送信してクーポンをゲットしよう！」などは、すべて個人に紐づく SNS のアカウント、メールアドレスといった ID を取得するための方策と考えていいでしょう。

7.2.2　トラッキング

　ID を取得する装置があちこちにあれば、それらの機器からの情報を突き合わせることによって利用者の行動を把握できます。これをトラッキング（追跡）といいます。

　例えば交通機関系のカードには、いつ、どこからどこまで移動したか、の記録が詳細に残ります。長い年月にわたるデータが収集できれば、個々のカードの持ち主がどのあたりに住んでいて、通学先あるいは通勤先がどこなのか、絞り込むことができるかもしれません。

　利用できる範囲が広く機械的に読み取り可能な ID は、特にトラッキングしやすくなります。例えば、異業種のサービスで共通のポイントカードに乗り合っている場合にも、ポイントカードサービスのところでは利用者の行動をかなり詳細に把握することができます。こういった詳細な行動パターンの情報は、マーケティング戦略を立てる上で非常に強力なデータとなります。

　インターネット通信の場合には IP アドレスで機器を識別しています。必ずしもパソコン 1 台 1 台と対応しているわけではありませんが、短時間で頻繁に変化するものでもないため、一種の ID として利用可能です。

　Web サービスの場合にはもっと積極的に ID を割り振ることで、利用者毎に特化したサービスを提供できます。Web サービスでは、Web サイト側から識別用の ID を埋め込んだ Cookie という情報を Web ブラウザに覚えさせることができます。Web ブラウザが Cookie を持っている状態で Web サイトにアクセスすると、Web サイト側では前と同じブラウザ（つまり利用者）がアクセスしてきたことを認識できます。この Cookie 情報を複数の異業種間で共有すれば、その利用者がどういう Web サイトを閲覧するのかといった情報を収集でき、利用者毎に興味を持ちそうな広告を画面に表示するなど、マーケティングに活用できるようになります。

GAFAM

　GAFAM（ガーファム）とは、Google, Apple, Facebook[a], Amazon, Microsoft の 5 つの主要 IT 企業の総称です。GAFAM が提供するサービスは、まさしくインフラとして私たちの生活に深く浸透しています。私たちは、意識しているかどうかにかかわらず、非常にプライベートな情報へのアクセスをこれら 5 社に許しています。

　例えば、Facebook では気に入ったものに「いいね」をつけることができます。Facebook は、あなたがどういうものに「いいね」をつけたのか分析することができ、その数が数百ともなれば、それらは「あなたがどういうものを好む人物であるか」を浮かび上がらせるに十分な情報となりえます。

　Google も同様です。多くの人が Google のアカウントを持っていて、Web ブラウザもそのアカウントでサインインしたままの状態になっているのではないでしょうか。Google で検索するたびに「誰が何を検索したのか」という情報が蓄積されています。その結果、「あなたがどういうものに興味がある人物なのか」が浮かび上がってきます。Google は検索サービスだけでなく、Gmail のサービスも展開しており、やり取りされる内容を分析してマーケティングに使用することを公言しています。メールに書いた内容に関連する広告が Google の検索結果のページに出てきたり、あるいは検索した内容に関するダイレクトメールがパートナー企業から自分あてに送られてきたりするのはそのためです。

　このように個人に関する膨大な量のデータが GAFAM に集中しています。近年、この状況を問題だとして、GAFAM の活動を規制する法律を作る国が増えています。

---

[a] 会社名は Meta に変更されました。

7.3　匿名性

　逆に「個人に関する情報」がわからない状況を考えてみましょう。ある行動をとった人物が誰であるのか特定できないことを「匿名（Anonymity）」といいます。匿名性には、表 7.1 に示すようにいくつかの異なるレベルがあります。強い匿名性が要求される場合には、unlinkable かつ undeniable であることが望ましいとされています。

表 7.1　匿名性のレベル

Pseudonymity	ハンドルネームなどを使った弱い匿名
Unlinkability	任意の事象 A,B に対し、A を行った人物と B を行った人物が同一人物であるかどうかを判定できないこと
Undeniability	「A を行ったのが自分でない」ということを第三者に証明できるとき deniable であるといい、そうでないとき undeniable であるという

　匿名であることによりプライバシーの保護ができる利点があると考えられますが、一方で匿名であることをいいことに気軽に悪事を行われかねないという側面もあります。

　匿名に関する議論は「良い／悪い」の二者択一の議論になりがちですが、現実に要求される匿名性の条件は複雑であり、簡単ではありません。例えば、選挙において求められる匿名性を考えてみましょう。公正な選挙のためには、「誰がどういう投票をしたのかわからないこと」が求められると同時に、「一人 1 票しか投票できないこと」も求められます。後者は、「その人が投票したのか／していないか」は判別できるということであり、有権者を一人ひとりを識別できる ID が必要ということです。一方で前者は、投票内容が ID と紐づかないように保持しなければならないということです。さらに「投票締め切り後に投票内容を変更できないこと」「他人の投票内容を変更できないこと」「正しく処理されたことが後から検証できること」などの条件も満たさなければならないでしょう。これらをすべて満たす情報システムは、非常に複雑なものになることは容易に想像できます。

7.4　個人情報を保護する法律

7.4.1　個人情報保護法

　個人情報保護法では、ビジネスにおいて個人情報を利用する際にやってはいけないことを規定しています。このように書くと「個人情報をビジネスで利用させないことが目的」の法律のようですが、逆です。この法律は個人情報のビジネス利用を促進するために整備されたもので、「これこれの条件さえ守れば個人情報をビジネスに使って良い」という基準を示したものです。

　例えば、個人情報を集める際には、その情報を何に使用するのか説明し、同意を得る必要があります（オプトイン方式）。利用目的以外に使用することは禁止されており、もし当初の目的と異なる目的で使用する場合には、あらためて利用者から同意を取り直す必要があります。また、個人情報を第三者に提供する場合は、個人を識別できないように匿名化する必要があります。なお匿名化された後の情報（**匿名加工情報**）も自由に使えるわけではなく、その取り扱いについても様々なルールが定められています。

　匿名加工情報であっても、外部のデータとマッチングすることによって特定の個人が再識別されるリスクがあります。また、匿名加工の方法によっては、加工方法が判明すると個人情報に復元することができる可能性があります。これらの指摘を受けて、個人情報保護法の改正法（2017年から施行）では、さらに匿名加工に関して次のような規定が盛り込まれています。

- 匿名加工情報を他の情報と照合して個人を再識別する行為を禁止する
- 加工処理の方法等の安全管理措置を図ること
- 事業者は匿名加工情報を取り扱うことについて公表すること

7.4.2　GDPR

　ヨーロッパの方ではEU域内の個人データの保護を規定する法律として**GDPR**（General Data Protection Regulation; 一般データ保護規則）が制定されました。GDPR制定の背景には、少数の巨大企業に、個人に関する膨大な量のデータが集中していることに対する危惧があります。

　GDPRではIPアドレスやCookieも個人情報とみなしており、また個人情報を取得するときには利用者の同意が必要とされています。Cookieを利用するWebサイトでは、GDPRに対処するため必ずCookie利用に対する同意を求めるようになりました。これはEU域内のWebサイトだけの問題ではなく、EU域の人からアクセスされる可能性がある世界中のWebサイトが対処する必要があります。企業の中には、CookieをGDPRの規定に抵触する形で利用することでビジネスを成り立たせている場合もあり、止むを得ずEU域からのアクセスを遮断した事例もあります。

オプトインとオプトアウト

　インターネット上のビジネスなどにおいて、個人情報の取得や利用の際に、利用者個人の意思を反映させる仕組みには大きく2つの考え方があります。

　一つは自分の情報を提供する際に「利用を許諾する意思を示す」方法で、「**オプトイン（Opt-in）**」といいます。つまり利用に同意した者の情報だけが利用できるということになります。個人情報保護法ではオプトイン方式を原則としています。

　これに対して、利用されたくないときに「利用を拒絶する意思を示す」という方法を「**オプトアウト（Opt-out）**」といいます。オプトアウト方式では、特に意思を示さない場合には利用してもいいという考え方です。広告メールなどではオプトアウト方式が標準です。

7.5　個人情報を保護する技術

　個人情報の保護のためには 2 種類の技術があります。一つはセキュリティ技術、もう一つはプライバシー保護技術です。前者は個人情報を安全に保管することが目的であり、例えば通信路上の通信路上での盗聴を防ぐための暗号化やデータベースへのアクセス制限などです。後者は個人情報を利活用するために必要となる保護技術です。個人情報を利用するときや統計処理を行うときに、データ処理の過程や処理結果からプライバシーに関するトラブルが生じないようにすることが目的です。匿名加工処理などがこれにあたります。ここでは後者について取り上げます。

7.5.1　k-匿名化

　個人情報を含むデータセットに対してデータ分析などを行うとします。具体的な例で考えてみましょう。表 7.2 のような元データがあるとします。このままでは全員の名前、年齢、性別、年収がわかる状態です。最も簡単な匿名加工として「名前欄を削除する」が考えられますね。これは Pseudonymity の実現にあたります。

表 7.2　元のデータセット

ID	名前	年齢	性別	年収 (万円)
1	佐藤	25	男性	500
2	田中	27	女性	600
3	鈴木	32	男性	550
4	山田	31	女性	700
5	高橋	39	男性	900
6	伊藤	28	女性	600

　名前欄がなくても、このデータセットを見る人が「田中さんは 27 歳」という背景情報を知っていた場合、年齢が 27 歳のデータは 1 件しかないので「ID=2 が田中さん」ということがわかってしまいます。

　そこで「20 代」「30 代」のように年齢の精度を落とす匿名加工を適用します。これで 27 歳のデータを探すことはできなくなります。これは住所などでも行われる手法で、番地以下の情報を切り落とし、〇〇市、〇〇町などまで止めます。このような変換によって、ある属性を使ってデータを抽出した際に、必ず k 個以上のデータがあるようにすることを「k-匿名化」といい、これによって Unlinkability を実現します。

　年齢の精度を落とすことにより、年齢で「20 代」「30 代」、性別で「男性」「女性」のいずれでも複数のデータが該当するようになります。しかし、「30 代かつ女性」のように組み合わせると 1 件しか該当しません。「女性の山田さんは 30 代」という背景情報を知っていた場合、

ID=4 のデータが山田さんのものだとわかってしまいます。このような場合、k-匿名化では例えばそのデータの年齢情報を削除（「N/A（Not Available）」に置換）して対応します。元のデータに対して 2-匿名化したものを表 7.3 に示します。

表 7.3　2-匿名化後のデータセット

ID	年齢	性別	年収 (万円)
1	N/A	N/A	500
2	20-29	女性	600
3	30-39	男性	550
4	N/A	N/A	700
5	30-39	男性	900
6	20-29	女性	600

　ID=4 の年齢の情報を「N/A」にしても「30 代、女性」に該当するデータは 1 件になってしまうので、「山田さんは 30 代」という背景情報を持っている人には「ID=4 が山田さん」だとわかってしまいます。ID=1 についても同じことが言えます。このデータの場合、年齢を N/A にするだけでは 2-匿名性を実現できず、性別も N/A としなければならないことに注意しましょう。

　このように、匿名加工された情報であっても、背景情報、つまり他の情報と突き合わせることによって個人特定ができてしまうことがあります。

7.5.2　l-多様化

　「田中さんは 27 歳」という背景情報を持っている場合をまた考えます。2-匿名化により、「20 代、女性」のデータは ID=2,ID=6 の 2 つがあり、どちらが田中さんかはわかりません。しかし、いずれも年収は 600 万円なので、「田中さんの年収は 600 万円」とわかってしまいます。これをわからないようにするには、「20 代、女性」でデータを抽出したときの「年収の値」が複数存在する必要があります。少なくとも l 通りあるように加工することを「l-多様化」といいます。l-多様化の手法としては、例えば「20 代、女性、900 万円」のようなダミーデータを追加するのが一般的です。当然、ダミーデータの追加により統計処理の結果が変わってしまうので、後からダミーデータの影響を除去できるようにしておくことも必要になってきます。

　このように、匿名加工にあたっては、どのような背景情報と突き合わせられる可能性があるのか、どのような情報漏洩を防止したいのか、どのようなデータ分析を行いたいのかなど、考えなければいけない事項は非常に複雑なものになっています。

7.6   演習問題

演習 1. 個人情報保護法違反の事例を調べてみましょう。どの条項に違反したのか、具体的に説明ができますか？

演習 2. 私たちの身の回りでは「お友達登録するとドリンクサービス」「空メールを送してクーポンゲット」など、マーケティングのために ID と紐づけて個人情報を収集しようとする試みが行われています。どのような収集が行われているか体験談を出し合ってみましょう。また個人情報保護法の観点から、その収集方法は妥当と言えるのか考えてみましょう。

演習 3. デジタルデータが大きな資本価値を持ちつつあります。GAFAM が、マーケティングで収集したデータを用いたサービスを展開していることがわかる例としてどのようなものがあるか調べてみましょう。

演習 4. GDPR が制定された背景には、GAFAM に対する危機意識があると言われています。どのようなことが問題と考えられているのか、調査してみましょう。

演習 5. 訪れた Web サイトで、「このサイトが Cookie を使用して個人情報を管理することに同意しますか。」といった表示が増えています。なぜこのような同意を求める必要があるのか、考えてみましょう。

演習 6. 個人情報保護法は、個人情報の二次活用を促進するために改定が行われています。改定前の個人情報保護法では、どのような点が活用の障害になったのか、調べてみましょう。

演習 7. 個人情報保護法において、収集した個人情報を断三者に提供する際に、行うべきとされる匿名加工にはどのようなものがあるか、調査してみましょう。

第 8 章

著作権とソフトウェア ライセンス

8.1 知的財産権

　音楽、映像、ノウハウ、アルゴリズム、ドキュメント、論文、発明、特許、デザインなど、高い価値があるけど実体がないもの（無体物）が多くあります。目に見えないこれらの価値を、一般に無体財産あるいは**知的財産**といいます。知的財産をつくり出すためには材料費などかからないかもしれませんが、大変な知的労働が必要となります。

　「財産的価値を有する情報」は容易に模倣されたり、利用による消費がなく、多くの人が同時に利用することができます。しかし、無制限な利用や、逆に秘匿してしまうことは、文化の発展を損ねることにつながります。そこで**知的財産権**という考え方が出てきます。「知的財産を作り出した人に対して一定範囲の権利を保証することによって、社会全体としての文化の発展を促す」、つまり「新しいことを考え出す人を社会で称賛しよう」というものです。

　知的財産権は図 8.1.1 のように、著作権、特許権などの産業財産権、その他に分類されます。

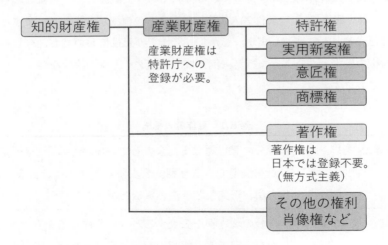

図 8.1.1　知的財産権の分類

8.2 著作権

　著作権法は、著作物に対する著作者の権利を決めることによって、公正利用と著作権者の保護のバランスを取ることを目的としています。著作権法はもともとは印刷物が対象でしたが、技術の進歩に合わせて何度も改正が繰り返されており、コンピュータソフトウェアなども保護の対象となっています。現在もインターネット上で社会的に大きな新たな問題が生じると、改正の動きが活発化しています。

　著作権は、図 8.2.2 に示すように、著作者人格権、著作財産権、著作隣接権から構成されています。

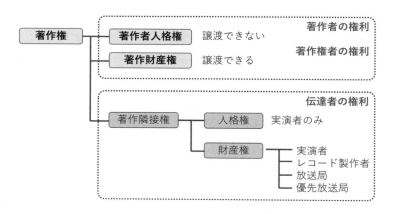

図 8.2.2　著作権の構造

　「著作者人格権」は著作者だけが持っている権利であり、譲渡したり相続したりすることはできません（一身専属権）。この著作者人格権には表 8.1 の権利が含まれています。著作者人格権は著作者の死亡とともに消滅します。しかし、著作者の死後においても、もし生存していれば著作者人格権の侵害となるような行為（例えば内容やタイトルの改変など）をしてはならないことになっています。

表 8.1　著作者人格権

公表権（第 18 条）	自分の著作物でまだ公表していないものを公表するかどうかを決定できる権利。公表するとすれば、公表する時間、方法、形式などを決めることができる権利。
氏名表示権（第 19 条）	自分の著作物を公表するときに著作者名を表示するかどうかを決定できる権利。表示するとすれば、実名か変名かを決めることができる権利。
同一性保持権（第 20 条）	自分の著作物の内容や題名を自分の意に反して勝手に改変されない権利。

　「著作財産権」には多くの権利が含まれています。代表的なものについては表 8.2 に示します。著作財産権は著作者人格権とは異なり、その一部又は全部を譲渡したり相続したりできます。巷で「著作権を譲渡した」というのは、この著作財産権を譲渡したということです。著作財産権を譲渡または相続した場合、著作権者は著作者とは異なる人になります。

表 8.2　著作財産権

複製権（第 21 条）	著作物を印刷、写真、複写、録音、録画などの方法により複製物を作る権利
公衆送信可能化権等（第 23 条）	著作物を公衆送信したり、公衆送信された著作物を公に伝達する権利
頒布権（第 26 条）	映画の著作物を公に上映したり、頒布（販売・貸与など）する権利
二次的著作物の利用権（第 28 条）	翻訳物、翻案物などの二次的著作物を利用する権利。二次的著作物については、二次的著作物の著作者だけでなく、原著作者も権利をもつ。

8.2.1　著作権を主張するには

　日本では、著作物の著作権は「著作物を作った瞬間」に自動的に発生します。これは「無方式主義」と呼ばれます。しかし外国の中には無方式主義ではないところもあります。そのような国では著作権表示を行なわないと、著作権を主張していないとみなされることもあります。そのため、どこの国に持っていっても大丈夫なように、ほとんどの著作物には以下のような著作権表示がなされています。

Copyright 2024 牛若利恵 All rights reserved
© 牛若利恵 2024

8.2.2　他人の著作物の利用

　他人の著作物をそのまま丸ごと拝借して利用することは著作権法上の「複製」に該当します。著作権法では、複製をしたい利用者は著作権者に許諾を求める必要があると定めています。しかし同時に、利用者に対して著作権者が行き過ぎた制限を加えないように、利用者が著作者の許諾を得なくても著作物を複製できる範囲を定めています（著作権法第 30 条～）。これらに該当すれば、権利者の利益を不当に害さない範囲で、個別の許諾を得ることなく著作物を利用できます。例えば以下のようなものです。これらの条件のどれにも当てはまらない場合には、著作権者の許諾を得る必要があります。

(a) 私的使用（個人的に又は家庭内などの範囲で利用する）のための複製（第 30 条）

この「（個人的に又は…利用する）」の部分はかなり狭く解釈されます。例えば友人のために著作物を複製することは、「私的使用のための複製」にはなりません。

(b) 引用のための複製（第 32 条）

「その引用は、公正な慣行に合致するものであり、かつ、報道、批評、研究その他の目的上正当な範囲内で行われるものでなければならない」という制限がついています。

具体的には、以下のすべてを満たす必要があります。

- 引用される著作物が既に公表されていること
- 引用部分とそれ以外の部分とが明瞭に区別されていること
- 自分の著作物が「主」、引用する著作物が「従」の関係であること
- 引用する「必要性」があること
- 出典を明示すること

(c) 学校などで授業に使う目的での著作物の複製（第 35 条）

これも無制限に許されるのではなく、「著作権者の利益を不当に害しない範囲で」という制限がついています。例えばゼミ資料として書籍をまるまる一冊コピーするのは許されません。

8.3　クリエイティブ・コモンズ・ライセンス

著作権の考え方は、もともとの copyright という言葉からもわかるように、「複製する権利（right to copy）」を制御することで知的財産を守ろうとするものでした。しかしインターネットの時代には、デジタル情報の複製が極めて容易であることを積極的に活用し、自分の作品をみんなに利用して欲しいと考える人が出てきました。このように「著作権を放棄せずに利用を許諾」するためには、従来の著作権の枠組みでは利用者が著作権者の許可を個別に得るしかありませんでした。これではインターネット時代のスピードに対応できません。

Creative Commons（以下 CC）とは、インターネット時代に即した新しい著作権ルールとライセンスを策定し、その普及を図る国際的な非営利団体です。CC が策定したライセンスは「クリエイティブ・コモンズ・ライセンス」と呼ばれており、著作権者自身が利用者に対して「この条件を守れば私の作品を自由に使ってよいですよ」という意思表示をすることができます。条件は、「表示（BY）」「非営利（NC）」「継承（SA）」「改変禁止（ND）」の 4 項目からです。このうち「表示」は必須で、これに他の条件を組み合わせてできる 6 種類の CC ライセンスがあります。

CC ライセンスの表示には表 8.3 に示すアイコンを用いるのが一般的ですが、作品に「デジタルコード」として電子的な情報を付加することもできます。このデジタルコードをプログラムが読み取ることで機械的に作品を分類できます。これを利用すると、検索サイトなどにおいて CC ライセンスを検索条件として検索することができます。

表 8.3　6 種類の CC ライセンス

ライセンス	条件	アイコン
CCBY	表示	
CCBY-SA	表示-継承	
CCBY-ND	表示-改変禁止	
CCBY-NC	表示-非営利	
CCBY-NC-SA	表示-非営利-継承	
CCBY-NC-ND	表示-非営利-改変禁止	

8.4　ソフトウェアの著作権とライセンス

　ソフトウェアはデジタル情報なので、原理的に、簡単に複製することができます。この性質を利用して、インターネットからダウンロードすることもできますし、インストールメディアから複数のパソコンにインストールすることができます。しかし利用者の手元で無制限に複製されると、ソフトウェア作成者の利益が損なわれることになります。

8.4.1　著作権法上のソフトウェアの扱い

　利用者によるソフトウェアの複製を禁止するため、著作物の複製権を制限する法律である著作権法を改定し、ソフトウェアも保護対象とするよう改訂が行われました。しかし著作権の本来の趣旨に照らすと、いくつかの問題があります。例えば著作権法では通常、私的利用目的での複製を認めています。ソフトウェアを私的に利用するため、複数のパソコンにインストールするのは OK なのか、OK ではないのか。また複数人が同時に利用できるコンピュータもあります。インストールされたソフトウェアとしては「1 つ」でも、同時に 50 人が利用できるとしたら「1 つ分の代金」というのはソフトウェア作成者としては納得いかないでしょう。

　また著作権法が保護するのは、あくまでも「表現」としてのプログラムです。処理の本質であるアルゴリズムは保護の対象ではありません。そのためライバル会社が他社のプログラムを解析（リバースエンジニアリング）してアルゴリズムを調べ、同じアルゴリズムを利用してプログラムを作成しても、著作権法上は許されることになってしまいます。

　このようにプログラムは著作物ではあるのですが、著作権法の枠組みの中でソフトウェア作成者の利益を保護するのは実質的には難しいと言わざるを得ません。

8.4.2　ソフトウェアの利用契約

　ソフトウェア製作者が、自身の利益を実質的に保護するために使用しているのは**売買契約**における契約条件です。具体的には契約条件の一部として「利用許諾条件への同意」を求める形になっています。ソフトウェア製作者は、利用許諾条件への同意に対して、ソフトウェアの条件内での利用を許諾します。これをライセンスといいます。許諾されていない場合には「ライセンスがない」ことになり、違法行為となります。

　利用許諾条件の中で、コピー作成の可否、インストール台数の制限、同時利用台数の制限、リバースエンジニアリングの禁止など、様々な条件を設定することができます。ライセンスは、無制限にソフトウェアが利用されないように、利用者や実行できるコンピュータを制限します。制限の考え方は多種多様です。代表的なものを以下に示します。

ユーザベースライセンス　個人に対して利用を許可します。その人が使うのであれば、どのパソコンでも使用できるライセンスです。パソコンを買い替えたときでも新しいパソコンにインストールして使うことができます。なお、「インストールできる台数は 3 台まで」のように指定されていることがほとんどです。

デバイスベースライセンス　特定のパソコンに対して利用を許可するライセンスです。そのパソコンで使用するのであれば利用者は誰でもかまいません。ドングルと呼ばれる特殊な機器を装着したパソコンでのみ実行できるドングルライセンスも広い意味でのデバイスベースライセンスと言えます。

フローティングライセンス　利用者もデバイスも縛らない代わりに、同時に実行できる数を制御するライセンス形態です。いま何台のパソコンで実行されているのかを管理するライセンスサーバがあり、サーバとの通信ができないと実行できません。インストールは何台でも可能ですが、許可された台数を超えたところでアプリケーションの起動ができなくなります。

包括ライセンス　ある組織に属している利用者であれば、そのソフトウェアメーカーの複数のソフトウェアを利用することができるライセンスです。利用できるソフトウェアの種類、一人当たりインストールできる数、インストール先のパソコンの条件、ソフトウェアを利用できる人の条件など、ライセンスの詳細は個別の契約によって様々に異なります。利用者がその組織に属していることを認証するために、組織の認証基盤と連携したランセンス管理が行われています。

　組織などでは、人が定期的に入れ替わったり、パソコンの入れ替えなども発生します。このような状況では、ユーザベースライセンスやデバイスベースライセンスは向きません。そのため、利用する部署が限られているときにはフローティングライセンス、全員が使うタイプのソフトウェアであれば包括ライセンスを結ぶことが多くなっています。

　正規のソフトウェアをライセンスに従って利用していれば何も問題はありませんが、ライセンスについて無頓着でいると、知らないうちに違法行為をしている危険性があります。ソフトウェアの不正利用には例えば次のようなものがあります。

台数違反

　正規のソフトウェアでも、ライセンスで許諾された使い方ではない場合にはライセンス違反となります。1台までしかインストールを認めていないソフトウェアを、職場全体のパソコン数百台にインストールして使っていた、などです。

ライセンスの対象から外れた

　包括ライセンスの場合には、その組織に属している人にのみ利用が許可されています。大学が包括ライセンス契約を結んでいるソフトウェアは、卒業後は利用できないので、アンインストールするか、個人で契約し直す必要があります。

有効期限が切れている

　期限を区切って利用を許諾するサブスクリプション方式のライセンスの場合には、期限を過ぎてからも使い続けるとライセンス違反となります。通常は、期限が切れると、動作しなくなったり機能が制限されたりしますが、そうでないソフトウェアの場合には注意が必要です。

海賊版ソフトウェアの利用

　正規のソフトウェアのライセンス情報部分を不正に書き換えたものを海賊版ソフトウェアと呼びます。海賊版ソフトウェアは、一見正規版と見分けがつかないパッケージで正規版に比べて非常に安く販売されていたり、インターネット上の不正サイトからダウンロードできたりします。なおインターネット上からダウンロード可能なものにはマルウェアが混入されていることが多いと言われています。

　海賊版ソフトウェアの利用や悪質なライセンス違反が発覚した場合には、メーカーから多額の損害賠償請求を受けることがあります。

8.4.3　オープンソースソフトウェア

　ある種のソフトウェアでは、実行プログラムのもととなったソースコードが公開されることがあります。こういったソフトウェアを**オープンソース**（Open Source Software; OSS）といいます。

　Open Source Initiative によれば、オープンソースには以下の要件があります。

- 再配布は自由。その際にライセンス料などを要求してはならない
- プログラムはソースコードを含んでいなければならない。ソースコードでの配布も許可されていなければならない
- 派生ソフトウェアの作成を禁止してはならない。また、派生ソフトウェアを元のソフトウェアと同じライセンスの下で配布することを禁止してはならない

- 作者のソースコードの完全性を保つこと（改変に際して、オリジナルなソースが分かるようにしなければならない）
- 個人やグループに対して差別してはならない
- 使用する分野に対して差別してはならない
- 何らかの追加的ライセンスに同意することを必要としてはならない
- 特定製品でのみ有効なライセンスとなってはならない
- 他のソフトウェアのライセンスに干渉してはならない

　OSS は著作権を放棄しているわけではありませんが、二次的著作物を含めて利用・再配布・改変などを自由に行える独自のライセンス形態が用いられています。こういったライセンスの代表例として GPL（GNU General Public License）があります。GPL では、従来の Copyright に対して**コピーレフト**（Copyleft）という権利を主張しています。

　現在のインターネット技術の発展は、コピーや改変を許すこれらのソフトウェアの存在によるところが大きいと考えられます。ソフトウェアを使用するときには、著作者の意志を尊重して取扱うようにしたいものです。

8.5 演習問題

演習 1. フリー素材を提供するインターネット上のサイトをいくつか調査してみましょう。通常の出版物のイラストとして利用することはできるでしょうか。利用できる場合、条件はあるでしょうか？

演習 2. 重大なライセンス違反事例を調べてみましょう。違反の内容、損害賠償金額などはどうなっているでしょうか。

演習 3. 著作権法の最近の改正にどのようなものがあるか調べてみましょう。どのような社会問題が、著作権法の改正の背景にあるでしょうか。

演習 4. 街中で写真を撮ったところ、背景に他人の著作物が映り込んでいました。その著作物の使用許諾を取る必要があるでしょうか、それとも特に断る必要はないでしょうか。それは著作権法上、どこで規定されていますか？

演習 5. CC ライセンスの 6 種類の基本形について、条件を詳しく調べてみましょう。二次加工して有料で販売する書籍のなかで使用できるのは、どのライセンスでしょう。

演習 6. GPL について、どのようなライセンスか調べてみましょう。

演習 7. 身近なソフトウェアの利用許諾条件を読んでみましょう。

演習 8. アカデミック版として販売されているソフトウェアのライセンスはどうなっているのか調べてみましょう。

- 購入する人が教育機関関係者（教職、学生）であればアカデミックプライスで購入できる。教育機関関係者でない者が利用しても問題ない。
- 教育機関関係者のみが購入可能かつ利用可能。卒業後も利用できる。
- 教育機関関係者のみが購入可能かつ利用可能。卒業後は利用不可。
- 教育機関関係者であっても、教育目的での利用に限って利用可能。

演習 9. 教員が授業中に使用する講義資料に他人の著作物を使うことは、著作権法上、どのような扱いになっているか調べてみましょう。以下のことは許諾なしに行っても良いでしょうか。

- 他人が著作権を有する画像を、プリントの中に使用して配布する
- 他人が著作権を有する画像を、講義スライドとしてスクリーンに投影する
- 上記の講義映像を録画し、受講学生がいつでも閲覧できるようにする
- 他人が著作権を有する画像を含むスライドを PDF 化し、e-Learning の Web システムにアップロードし、受講生にダウンロードさせる
- 上記の講義映像を録画し、大学 Web 上で公開する

第 9 章

サイバー犯罪と情報モラル

9.1　サイバー犯罪の分類

　私たちは日常的に情報システムやネットワークを利用しているので、サイバー犯罪はすぐ身近で起こりうる問題です。

　サイバー犯罪という言葉からは、非常に高度な技術をもった人間がインターネット越しに情報システムに侵入して行う犯罪行為というイメージを受けるかもしれません。しかしそればかりではありません。日本では「刑法に規定されている電子計算機損壊等業務妨害罪をはじめとしたコンピュータ若しくは電磁的記録を対象とした犯罪、又はそれ以外のコンピュータ・ネットワークをその手段とした犯罪」とされており、コンピュータ犯罪とネットワーク犯罪を包括したものです。警察庁ではサイバー犯罪を大きく以下の 3 つに分類しています。

コンピュータ、電磁的記録を対象とした犯罪

　　　　例えば以下のようなものが該当します。多くのものはネットワークを介して行われます。

- 金融機関や役所などでオンライン端末を不正に操作する
- Web ページを改ざんする
- 会社の業務情報を消去する
- 大量のメールを送りつけてメールサーバをダウンさせる

ネットワークを利用した犯罪

　　　　犯罪自体は恐喝や詐欺といった従来からあるものですが、通信手段や舞台としてネットワークを利用している、というものです。例えば以下のようなものが該当します。

- 特定個人の誹謗中傷記事を Web ページや掲示板に掲載する
- メールで脅迫や恐喝を行う
- Web ページ上でわいせつな画像やチャイルドポルノを公開する
- 掲示板で覚せい剤や薬物の売買を行う
- 通販やオークションサイトで何も送らない／偽物を送る

不正アクセス禁止法違反

　「不正アクセス」とは、利用資格のない利用者がネットワークを通してコンピュータに
侵入する行為です。不正アクセス禁止法では以下のようなことが犯罪行為として禁止さ
れています。

- 他人の ID やパスワードなどを入力することにより、他人のコンピュータに侵入する行為
- 特殊な情報を入力することで、アクセス制御機能を回避する行為
- 他人の ID やパスワードを第三者に伝える行為

9.2　意外と身近な脅威

　脅威には人的なもの（故意、操作ミス、設定ミス）だけでなく、自然災害など様々な要因が
あります。悪意を持ってシステムに侵入するものばかりではありません。ここでは皆さんが日
常的に遭遇するであろう脅威をいくつか紹介します。

9.2.1　マルウェア感染

　コンピュータウイルスやスパイウェアなどの、悪事を働くソフトウェアのことを総称して
マルウェア（malware; malicious software）と呼びます。感染手法や動作原理などに応じて
「ウイルス」や「ワーム」のように呼び分けていた時代もありますが、バリエーションが非常に
多くなってきたこと、また複合的な形態のものも多くなってきたことから、単にマルウェアと
呼ぶことが増えています。

　皆さんのパソコンに侵入するために、マルウェアは様々な作戦で皆さんを騙そうとします。
主な経路を図 9.2.1 に示します。

メールの添付ファイル

　　単体で活動できるマルウェアが添付されている場合と、マルウェアに感染した文書ファ
イルが添付されている場合とがあります。送り主が知らない人である場合に警戒するの
はもちろんですが、知っている人からのメールでも油断はできません。図 9.2.2 に示す
ように、アドレス帳を利用して感染拡大を狙うマルウェアもあるからです。

　　なおメール自身にはマルウェアが添付されていなくても、マルウェアをダウンロードさ
せる Web サイトに誘導するケースもあります。

Web サイトからのダウンロード

　　Web サイト上に公開されているソフトウェアがマルウェアに感染していることがあり
ます。プログラムをインターネットからダウンロードする際には、検索結果で表示され
たサイトを盲目的にクリックするのではなく、公式サイトからダウンロードするように
しましょう。スマートフォンアプリも同様の注意が必要です。

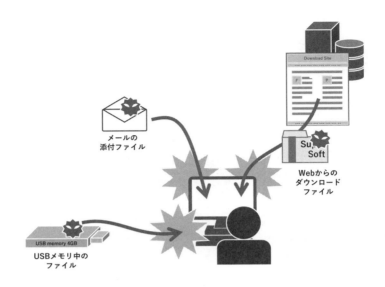

図 9.2.1　マルウェアの感染経路

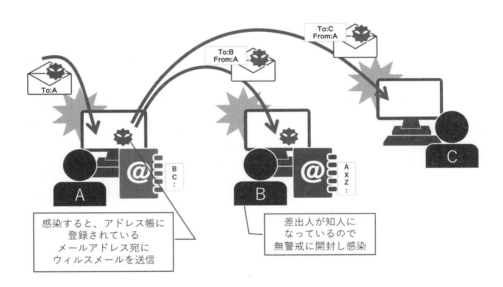

図 9.2.2　アドレス帳を使って感染を広げるマルウェア

USB メモリ経由

マルウェアに感染したパソコンに USB メモリを挿すと、USB メモリ内のファイルがマルウェアに感染します。別のパソコンでその USB メモリ内の感染ファイルを開くと、マルウェアがそのパソコンに感染します。このように USB メモリはネットワークに接続していないパソコンへの感染経路となる危険性があります。「マルウェアに絶対感染しないように」とネットから隔離していたパソコンが実はマルウェアをばら撒く拠点になっていた事例が報告されています。

　古典的なウイルスは画面にいたずらをするなど愉快犯的なものが多かったのですが、現在のマルウェアは個人情報の収集、パスワードの盗み見、金銭目的など、明確な意図を持って作成されることが多くなっています。**ボットウイルス**と呼ばれるタイプも増えています。ボットウイルスに感染したパソコンは外部から遠隔操作することができ、他所のコンピュータへの攻撃の拠点にされてしまいます。マルウェアは、目的遂行のため、なるべく気づかれないように潜伏して活動します。セキュリティソフトを使わなければ感染していることに気づくことは難しいでしょう。

9.2.2　フィッシングメール

　フィッシング（Phishing [1]）とは、メールなどにより巧妙に Web サイトに誘導し、利用者からパスワードやクレジットカード番号などの機密情報を盗みとる犯罪です。

　フィッシングの流れを図 9.2.3 に示します。まず実在の企業からのメールにしか見えないように偽装されたメールで、本物そっくりの偽の Web サイトに誘導します。典型的なフィッシングメールの文面の以下のようなものです。

- アカウントを一時停止したので、再開のために情報を更新してください
- メールボックスが溢れているので、ログインして削除してください
- カード情報が漏洩したので、利用者情報を更新してください

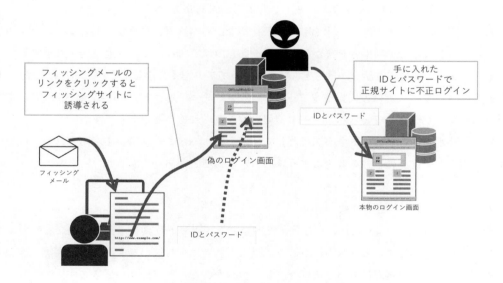

図 9.2.3　フィッシングメール

　偽の Web ページでは、メールの内容に沿う形でアカウント情報、パスワードやクレジットカード番号などを入力させます。これらの情報を手に入れた犯人は、あなたになりすますことができます。最終的には、他の攻撃の足がかりにしたり、金銭をだまし取ったりすることが多いようです。複数の情報サービスで同じパスワードを使い回している場合には、それらも乗っ取られます。

　メールの代わりに SMS を使用したものもあります。SMS は相手の電話番号がわかれば送りつけることができるので、メールよりも簡単です。宅配業者などの不在連絡を装ったものなどが知られています。メッセージの文面は以下のようなもので、具体的な情報は何も記載されていません。

> お客様宛にお荷物のお届けにあがりましたが不在の為持ち帰りました。
> 下記よりご確認ください。（外部サイトへのリンク）

「なんか頼んでたっけかな？」とメッセージ中のリンクをクリックするとフィッシングサイトに飛ばされ、認証情報を入力するよう求められます。宅配業者が SMS を利用して連絡することはありません。騙されないようにしましょう。

9.2.3　サポート詐欺

　Web サイトを見ているときに「ウイルス診断を行ないますか？」と尋ね、自称 "診断ソフトウェア"（実はウイルス）をダウンロードさせる手口があります。

　また、Web サイトを見ているときに、突然「あなたのパソコンが感染していることを検知しました！」と表示して利用者を脅かし、サポート窓口はこちら、という連絡先を表示するケースもあります。信じて電話をかけると、親身になってアドバイスをしてくれるふりをして、「セキュリティソフト（実は遠隔操作ソフト）」をダウンロードさせます。遠隔操作されてしまうと、パソコンが記憶しているパスワード情報を抜き取られることがあります。

　また、サポート料やソフトウェア代として、電子マネーによる支払いを求められる（電子マネーを購入させ、その番号を教えるよう求められる）ことがあります。

9.2.4　セクストーション詐欺

　セクストーション（sextortion）とは、性的なプライベート写真をネタに金銭などを要求する脅迫行為をいいます。セクストーション詐欺はこれとは少し違います。ある日突然、次のような内容のメール（実際はもっと丁寧な文章です）が、なんと自分から届きます。

> あなたのパソコンにスパイウェアを感染させた。アダルトサイトを閲覧しているときの様子をパソコンのカメラで録画した。アドレス帳の情報も手に入れた。あなたの友人たちに動画をバラ撒かれたくなければ、50 時間以内に指定した口座にビットコインで金を払え。そうすれば動画は消してやる。

　差出人が自分のメールアドレスになっていることから、もしかしたら本当にパソコンに侵入されたのかもしれない、と頭の中が真っ白になる人もいるかもしれません。しかしメールの差出人偽装は比較的簡単です。スパイウェアに感染した証拠、録画した証拠、アドレス帳を盗んだ証拠が何も提示されていないことに気がつきましたか？実は、これは「差出人のメールアドレスを偽装してメールを送りつけただけ」なのです。つまり実際にはネタは何もないのに、メール1通でお金を巻き上げようとしているのです。ところで、犯人は、自分のメールアドレスをどこから入手したのでしょう？これは他のシステムからの情報漏洩であることが多いようです。

　同種のものとしてはワンクリック詐欺があります。ワンクリック詐欺は、Webサイトを見ていると突然以下のような画面が表示されるものです。

> 会員登録完了。あなたのIPアドレス XX.XX.XX.XX は記録されました。
> ○月○日までに料金を支払ってください。

　これへの対処は無視することです。Webブラウザを閉じるだけで問題ありません。こちらの個人情報（IPアドレス）を入手しているかのような文面になっていますが、IPアドレスはもともとインターネットでは相手に必ず伝わる情報なので、いわば知られていて当然の情報です。

9.3　サイバー犯罪から身を守るには

　サイバー犯罪は多種多様なものがありますが、攻撃者が使用する攻撃の手口は、基本的には「侵入（鍵開け）」「なりすまし」「詐欺（騙す）」の3つの組み合わせと考えることができます。例えば、フィッシングサイトは利用者を「騙して」偽のサイトに誘導し、「なりすまし」のためのIDとパスワードを盗むのが目的です。サイバー犯罪から身を守るにはこの3つの観点で防衛策を講じることが重要になります。

9.3.1　侵入対策

　侵入（鍵開け）とは、通常の犯罪で言えば、ピッキングツールで玄関や窓の錠を開けて入ってくるイメージです。情報システムの場合には、OSやアプリケーションにおけるセキュリティ上の弱点（脆弱性）を突いてシステムに侵入することです。ソフトウェアは、新たな脆弱性が見つかると脆弱性情報として公開されます。これは「このソフトウェアはここから侵入できます」という情報です。攻撃者の立場からすれば、この情報を使わない手はありません。よく狙われるのは、常に動作しているOSと インターネット利用時にはほぼ間違いなく動いているWebブラウザの脆弱性です。

　侵入への対策は、見つかった侵入可能な脆弱性を速やかに塞ぐことです。脆弱性情報が公開されるときには、通常、その脆弱性を修正するアップデートが提供されます。現在、多くのOSやソフトウェアが自動アップデート機能を持っています。新しいバージョンがあるという通知が出たときには、なるべく早くアップデートしましょう。自動アップデート機能がないソフトウェアの場合には、新しいバージョンが出ていないか自分で確認しなければなりません。

9.3.2　なりすまし対策

　情報システムの世界での「なりすまし」は簡単です。他人の ID をかたり、認証を突破することができれば、情報システム側は本人だと判断します。例えば、情報システム側で脆弱性を突かれて、その情報システムが保持していたパスワード情報が漏れることがあります。これは、情報システム側のパスワード情報の管理方法に問題があるといっていいでしょう。そのとき、複数の情報システムで同じパスワードを使っていると、攻撃者はそのパスワードを使って、他のシステムにもアクセスできてしまいます。つまり、なりすましが成功してしまうのです。

　なりすまし対策とは、すなわち、ID やパスワードなどの認証情報を盗まれないようにする、なりすましが困難なより強力な認証手段を使用する、ということです。多要素認証が利用できる情報システムやサービスであれば、積極的に設定してください。最近は多要素認証の設定を義務化するサービスが増えています。多要素認証が利用できない情報システムの場合には、破られにくいパスワードをつける、パスワードを人に教えないなどパスワードの管理を徹底するのは基本中の基本です。また、認証連携していない情報システムは、それぞれに異なるパスワードを設定するように心がけましょう。

── こんなところでもパスワードが盗まれる ──

　大きな商業施設やコンビニ、ホテルなどでは、無料で利用できる無線ネットワークが提供されています。セキュリティを確保するためにアクセスポイントのパスワードが設定されているのが普通ですが、パスワードなしで接続を許す公衆無線 LAN もあります。このようなエリアでは、同じ SSID をもつ偽のアクセスポイントを作り、（間違って）接続してきた利用者の通信内容を盗聴しようとする攻撃が見受けられます。これらのアクセスポイントは、たしかにそのエリアで提供されているサービスかどうか確認した上で接続し、さらに暗号通信路で保護されている確証がなければ、パスワード入力などを必要とする情報システムには接続しないよう注意しましょう。

　また、インターネットカフェやホテルなどに設置してあるパソコンは、適切に管理されていないことがあります。キーロガーが取り付けられているのが発見された事例もあります。キーロガーが使われると、暗号通信路かどうかとは関係なく、入力した情報が盗まれます。もともと設置されているパソコンを使うときには、検索目的の利用程度にとどめ、大学の情報システムや旅行予約サイトのような、ログインが必要な Web サービスには絶対にアクセスしないようにしましょう。

9.3.3　詐欺対策

　詐欺とは攻撃者が利用者を騙すものです。騙された人は攻撃者がついたウソを信じていますので、被害に遭ったこと自体になかなか気づきません。実は詐欺対策が最も難しいのです。

　詐欺にあわないための対策は、攻撃者の手口を知ることに尽きます。自分がそのような状況に直面したときに、「あ、これはもしかしたら詐欺かもしれない」と疑うことが重要です。そうはいっても、すべての手口を知り尽くすことはできません。そこで重要になってくるのがクリティカルシンキング（critical thinking）です。クリティカルシンキングとは、物事や情報を客観的・批判的に解釈する思考方法です。クリティカルシンキングを身につけることにより、自分が置かれた状況を正しく判断し、脅威を避ける行動につなげることができます。

　例えば、広告メールの中には非常に魅力的なものがあります。次のようなものはどうですか？

- 初期投資 5000 円が 3 ヶ月で 1000 万円に！（儲け話系）
- 簡単な仕事で大金をゲットしませんか！（儲け話系）
- 通常価格 AAA 円のところ、なんと今だけ BB 円！（通販系）
- これを飲めばすぐに痩せられます！（美容／ダイエット系）
- あなたもすぐ恋人ができます！（出会い系）

広告メールや Web サイト広告がとても魅力的に見えたら、一呼吸おいて「ここに書いてあることは本当かな？」と考えてみましょう。

- なぜこんなにうまい話が自分に持ちかけられているのだろう？
- こんなに素晴らしい製品ならば、なぜもっと世の中に認知されていないのだろう？
- なぜこんなに安くできるのだろう？本当に送られてくるのか？類似品ではないか？
- 提示された情報が信用できるかどうか、別経路で確認できるだろうか？

「簡単な仕事でお金儲けができる」タイプは、闇バイトなどの入り口になっていることがあります。本人確認として送った学生証や免許証から個人情報を握られてしまい、それを脅迫材料にして、より悪質な犯罪行為の片棒を担がされる事件が相次いでいます。

　また、人を騙すための文章、意図的に読者を誘導しようとしている文章には、「至急」「〇時間以内に」など、利用者を焦らせて冷静な判断をさせないような表現が多用されます。マーケティングや広告などでも「今だけ 10%引き」「残り〇席」などといった表現で、読者の行動を促すことはよくあります。これ自体は別に悪いことではないのですが、「今このページを見ているのは〇人です」という表示が、実はプログラムでランダムに生成されていた事例も見つかっています。

9.4　ネットワークトラブルを起こさない

　サイバー犯罪に巻き込まれないことだけでなく、自分自身がネットワークトラブルを起こさないことも重要です。サイバー犯罪を意図的に行うのは論外ですが、知らず知らずのうちにトラブルを起こしてしまうこともあります。いくつかの例をみていきましょう。

9.4.1　著作権や肖像権の侵害

　自ら作成した（または誰かに作ってもらった）Web ページに掲載した内容が、肖像権侵害や著作権侵害で訴えられる事件が時々発生しています。これらのトラブルをを回避するためには、著作権侵害の恐れがあるコンテンツを載せないのが一番です。

　どうしても載せたいということであれば「利用許諾やライセンスを得る」必要があります。インターネット上でフリー素材として提供されているコンテンツであっても、使用条件をきちんと読むとフリーで使える条件が意外と狭いものがあります。

9.4.2　ミスによる情報漏洩

　インターネット上のトラブルでよく発生するのが情報漏洩です。意図的に情報を持ち出すというよりは、設定ミス、操作ミスなどでによることがほとんどです。代表的な事例を紹介します。

メール送信時のミス

　　　　何かのイベントを主催しているときなどに、メールを使って参加者に一斉に連絡をすることがあります。メールでは、宛先に参加者のメールアドレスを列挙することで、1 回のメールで全員に連絡することができます。

　　　　しかし、参加者同士に面識がないときには注意が必要です。メールの宛先の指定方法には TO、CC、BCC の 3 種類があります。このとき、TO や CC に指定したメールアドレスは、受信者全員が見ることができます。すなわち個人情報であるメールアドレスが漏洩することになります。互いに面識がない複数に人に、一斉メールを送信するときには、BCC で指定しなければなりません。このミスは、メールによる情報漏洩において、宛先をそもそも間違える誤送信にならんで大きな割合を占めています。

アクセス制限のミス

　　　　ある限られたメンバー向けの情報連絡手段として、Web サイトを利用することもよく行われます。例えば学内者向けの情報、特定の会議メンバーにのみ情報を Web サイトに掲載するケースです。この場合、学内者や特定の会議メンバーのみがアクセスできるようにアクセス制限をかけるのが一般的ですが、不慣れだと、全世界から閲覧可能になっていることがあります。公開範囲が限定されるコンテンツを Web サイトに掲載するときには、アクセス権に注意が必要です。

パソコンにソフトウェアをインストールするのではなく、インターネット上のサービスを利用する**クラウドサービス**という形態も広まっています。クラウドサービスでは、世界中からアクセスできるという性質を活用して、利用者間での情報共有などに活用されています。このとき、共有設定を間違えると、全世界の人に無制限に情報を公開してしまい、思わぬ情報漏洩につながることがあります。共有を行うときには、アクセス範囲を特に注意深く設定しましょう。

匿名加工のミス

Web サイトに PDF ファイルなどで情報を公開するときに、個人情報の部分を塗りつぶしたり、匿名加工を加えてから公開することもあります。このとき、適切な方法を使用しないと効果がありません。例えば、PDF 化する前に、Office アプリ上で隠したい文字列を黒い長方形の図形を載せただけでは、隠されたテキストの情報は PDF に残ったままです。また、Office 文書などでは作成者や編集者の所属情報や氏名が、プロパティ情報として埋め込まれていることがあります。状況に応じて、適切なツールを用いて除去する必要があります。

9.4.3　SNS などでの情報発信

Facebook や Instagram, TikTok などの SNS では手軽に情報発信ができますが、軽率な情報発信が、予想外に大きなトラブルとなることがあります。

9.4.3.1　トラブルの例

皆さんの中に悪意を持って偽の情報発信を行う人はいないと思いますが、大学生がよく「やらかしてしまう」パターンには以下のようなものがあります。

仲間内のウケ狙い

倫理的に問題のある発言や行為なのに、ウケ狙いで投稿してしまう事件が頻発しています。アルバイト先での問題行為の場合には、企業ブランドを傷つけ臨時休業や店舗閉鎖などに繋がりかねません。威力業務妨害罪や損害賠償請求の対象となります。

社会的「悪」に対する「正義」の匿名投稿

何らかの社会的事件が発生したときに、容疑者特定として他人の個人情報をアップロードしたり、容疑者と思われるアカウントへ非難の投稿をしたり、あるいはそういった書き込みを転載することがあるかも知れません。社会的「悪」に対する行為なので、投稿者は自分の行為を「正義」だと思いこんでいます。しかし、実際には、容疑者ではあったけれども後日潔白が証明されることもありますし、そもそも人違いをしているかも知れません。その場合、自分の行った行為は犯罪行為でしかなく、名誉毀損で訴えられる恐れがあります。

他国の例では、ある人物が意図的に流した偽の情報によって、人違いであるにもかかわらず、重大犯罪人として民衆から集団暴行を受け、殺害に至った事例もあります。

9.4.3.2　発信時に注意すること

　情報発信をする場合には、以下のことに注意しましょう。特に日常的に投稿を繰り返していると、強く意識しないと感覚が麻痺することがあります。

発信内容は一人歩きすることを意識しましょう。

　X（旧 Twitter）や SNS などでは友達機能があり、自分が発信した情報を仲間内だけに送ることができます。しかしきちんと設定をしないと、友達の友達にも見えていたり、全世界からアクセス可能なままかも知れません。

　なお友達だけに正しく限定していたとしても、その友達があなたが投稿した内容を他所に勝手にばらまくことがあります。たとえ仲間内だけの会話だとしても、万一世間に公開されても恥ずかしくないかどうか、冷静に考えてみましょう。

書き込んだ内容は半永久的に残ります。

　口頭での言い争いならば「勢い余って言いすぎてしまった」としても、適切に謝罪することでしこりを残さないように解決に導いたり、時間が経過に伴って記憶が薄れていったり、などします。しかし一度インターネットに発信してしまった情報は、文字、画像、映像などとして残るために、それを見るたびに鮮明に思い出すことになります。

　世界中に公開されている場合には、次々と新たな「観客」が参加してくるため、なかなか炎上が鎮静化しないことがあります。自分の書き込みを単に削除すればいいと思うかもしれませんが、一度誰かにコピー・引用されたら、インターネット上から削除することはまず不可能です。

誤解されにくい表現を工夫しましょう。

　文字だけのコミュニケーションでは、書いた人の意図よりもキツい表現になりがちで、ケンカ腰に取られることがあります。X（旧 Twitter）では文字数が制限されているため言葉足らずになる傾向があります。違ったニュアンスで受け取られる恐れがないか、送信前に落ち着いて見直しましょう。

匿名のように見えても意外と本人特定は可能です。

　インターネットでは実名を出さずに交流ができる場合が多いので、なんとなく匿名ぽい感じがしてしまいますが、警察が調べればサービス事業者のアクセスログから絞り込むことは可能です。また書き込まれた内容からも意外と特定できるものです。特に身近な人が見れば、誰が書き込んだのか判ることが多いようです。

9.5　演習問題

演習 1. 以下の事例が警察庁の分類のどの区分に当てはまるか考えてみましょう。

- ウイルスに感染したファイルを送りつけて、パソコンを正常に使用できない状態にした
- インターネット上の掲示板を利用し、覚せい剤の等の違法な物品を販売した
- インターネット上のサービスで他人のパスワードを使用し、その者になりすまして虚偽広告を掲示し、販売代金を騙し取った
- インターネットに接続されたサーバにわいせつな映像を置き、これを不特定多数に対して閲覧させた
- インターネットを通じて各国の国防、治安等をはじめとする各種分野のコンピュータに侵入し、データを破壊、改ざんするなどの手段で機能不全に陥れた

演習 2. 最近発生しているサイバー犯罪にどのようなものがあるか調査しましょう。その調査結果のうち 10 件程度を取り上げ、警察庁の分類のどの区分に当てはまるか考えてみましょう。

演習 3. アルバイト先の店舗で悪ふざけをした結果、店舗に多大なダメージを与える行為は「バイトテロ」などと呼ばれています。最近の事例にどのようなものがあるか調べてみましょう。またバイトテロを防止するには、どのような方法があるか、考えてみましょう。

演習 4. フィッシング詐欺の事例を調べてみましょう。最新の情報は、フィッシング対策協議会の Web サイト（`https://www.antiphishing.jp/`）にまとまっています。

演習 5. フィッシング詐欺メールやフィッシング詐欺サイトを見破ることはできるでしょうか？私たちができる自衛策として、フィッシング対策協議会ではどのような方法を勧めているか、調べてみましょう。

演習 6. Google、Amazon、Facebook などには偽サイトがたくさんあります。なぜ偽サイトが多く作られるのか考えてみましょう。

第 10 章

プレゼンテーション

10.1　プレゼンテーションとは

　プレゼンテーションとは、講師が聴衆に向かって対面で説明するコミュニケーションです。プレゼンテーションには様々なスタイルがありますが、ここではプロジェクターや大型ディスプレイに資料を提示しながら話す方法を取り上げます。このような場面で使用するアプリを**プレゼンテーションソフト**と呼び、Microsoft 社の **PowerPoint** などが有名です。

　PowerPoint ではプレゼンテーションを構成する資料を複数の**スライド**として作成します。一つの画面内で動きのある視覚効果をつけたり、画面の切り替えにアニメーションをつけることができるので、紙の資料では実現しにくいような魅力的なプレゼンテーションができます。デザインテンプレートもいくつか用意されているので、そこから好みのデザインを選ぶことができます。

　PowerPoint は手軽に見栄えの良いプレゼンテーションが作成できてしまうため、「見た目だけはいいけれど何を言いたいのかわからない」といったことが往々にしてあります。また「見栄えを良くするところにばかり力を入れてしまう」という弊害も指摘されています。そのため会社によっては、社内のプレゼンテーションに PowerPoint を使用することを禁止しているところもあります。

TED（Technology Entertainment Design）

TED では、様々な分野で活躍する人物がプレゼンテーションを行い、インターネット上に無料で動画配信されます。ほとんどは英語のプレゼンテーションですが、日本でも人気があり、まとめサイトや字幕付きの動画もあります。スライドだけでなく、どのようにしたら説得力のあるプレゼンテーションになるのか、導入、話の順番、見せ方など、非常に参考になります。

https://www.ted.com/

10.2 スライドの作成に取り掛かる前に

10.2.1 条件を確認する

プレゼンテーションは「聴衆」と「場」があってはじめて成り立つものです。この2つを考慮に入れてプレゼンテーションの構成を組み立てます。前もって以下のことを確認しておきましょう。

- 対象は誰か
  - 聴衆は何を求めているのか
  - 聴衆に予備知識はあるか
- どういう場なのか
  - フォーマルな場か／カジュアルな場か
  - 講演か／学会発表か
  - プロジェクターか液晶モニターか／縦横比／インターフェイス（VGA ／ HDMI）
  - 会場の広さ（聴衆との距離）
  - 対面のみか／オンライン／ハイブリッドか
- 発表時間と質疑の時間はそれぞれどのくらいか

どういう場なのか、対象者はどういう人なのか、を考えながら、どういう内容をどのくらいの粒度で話すかを決めます。このとき気をつけなければならないのは、「自分が話したいことは何か」という視点で考えるのではなく、「聴衆が知りたいことは何か」という視点で考えることです。

10.2.2 シナリオをつくる

次に話す順序、すなわちシナリオ（プレゼンテーションの大まかな流れ）を考えます。ここで、「内容について実際に考えてきた順序」と「聴衆が聞いてわかりやすい順番」は意外と異なります。書き物であれば読者は前に戻って読み返したりできますが、プレゼンテーションではそうはいきません。「聞いて分かりやすい順序」を考える必要があるのです。

また、話す内容を厳密に正確にすることにこだわりすぎると、かえって話が分かりにくくなることがあります。時間が少ないときには、多少正確性を欠くことになっても「ざっくりと話す」ことが必要になります。

10.2.3 スライドの枚数

プレゼンテーションのシナリオが決まったら、それを複数のスライドに落とし込むことになります。

よく聞かれる質問に「何枚のスライドを作成すればいいのか」というものがあります。これは、プレゼンテーションに使用できる時間と話の粒度で決まるものです。「おおよそ1分あたり1枚」などと書いてある書籍もありますが、そう単純ではありません。**1つのスライドでは**

1 つのポイントを説明することを意識しましょう。10 秒もかからないスライドもあれば、図表のように 1 枚に長時間かけて説明するスライドもあります。

　発表時間を考えながら、話したい各項目について「どういうスライドを見せるのか」、「どの程度詳しく話すのか」を考えます。この作業はプレゼンテーションソフトを使って行うよりも、付箋紙などを使ってアナログ的にやったほうが、全体像が把握しやすかったり枚数のバランスの調整がしやすかったりします。

10.3　スライドの作成

10.3.1　スライドのカタチ

　プレゼンテーションソフトで作成するスライドのカタチは、横と縦の比率によって「4:3」「16:9」など様々なものが選べます。会場のプロジェクタやディスプレイの大きさ（形）に合わせて作成することが望まれます。

　かつてのパソコンに接続されるディスプレイの大きさは横 1024 ドット × 縦 768 ドットのような大きさだったため、プロジェクタもその比率で投影するようになっていました。そこで横縦の比率が「4:3」になるようにスライドを作成することが一般的でした。しかしパソコンの画面が DVD コンテンツなどに合わせてワイド画面になり、プロジェクタもワイド対応になるにつれて、ワイド画面に合わせたスライドを作ることも多くなっています。特に指定がなければ、新しい環境に向けて 16:9 で作成すると良いと思います。

10.3.2　各スライドを作る

　最初に作るスライドは、アウトラインを示したスライドです。このスライドをプレゼンテーションの最初の方で聴衆に見せることで、聴衆はこれから聞く話の大まかな構成を知ることができます。こういった予告には、聴衆の思考に枠組みを植え付ける効果があります。聴衆は、その後に聞く内容をその枠組みに合わせて格納することになり、理解しやすくなるのです。長いプレゼンテーションや難しい内容では、大きなまとまり毎に「次にどこを話すのか」を示すと聴衆の不安を和らげることができます。

　アウトラインができたら、各スライドを作成していきます。スライドの作成には様々なコツがあります。

専門用語の取り扱い

　　専門用語は、聴衆にその用語に関する知識があるならば説明を簡潔にすることができます。しかし、その知識がない聴衆の場合には単にわかりにくいだけです。そのような場合には平易な言葉に置き換える、適宜説明をしながら使う、といった配慮が必要です。

文字サイズは大きく

　　話す文章をそのままスライドに詰め込むのは無意味です。余白を生かして要点を簡潔に配置しましょう。会場の広さにもよりますが、文字サイズは 24 ポイント以上が望ましいとされています。

図やグラフをうまく使う

　文章よりは図、表よりはグラフのほうが、イメージを把握しやすくなります。一つの図やグラフに複数の情報を詰め込みすぎると分かりにくくなります。図やグラフでも1スライド1ポイントを心がけましょう。

アニメーションや切り替え効果をうまく使う

　スライド内のアニメーションは、注目してほしいところを強調するために品良く使うといいでしょう。重要でもないのにアニメーションを使うと下品になります。

　またスライドの切り替え効果は、スライドの大きな区切りを示すのに使えます。すべてのスライド間に派手な効果をつけると台無しになります。

高橋メソッド

　やたらと大きな字が特徴的なプレゼンテーション手法です。派手なプレゼンテーションソフトなどがなくとも、聴衆を引きつけるプレゼンテーションができるいい例です。高橋メソッドの欠点は、スライド枚数が異常に多くなるため、配布資料としてスライドを印刷するような状況には向かないことです。またフォーマルな場でも行いにくいかもしれませんね。

`http://www.rubycolor.org/takahashi/`

10.3.3　ブラッシュアップ

　スライドが完成したら、最後にブラッシュアップして品質をあげましょう。この作業はプレゼンテーションの成否には大きく影響しないかもしれませんが、聴衆に気持ちよく発表をきいてもらうための気遣いといえます。

文章中の改行の位置を整える

　スライド中の文章が複数行にわたるとき、単語が行末にかかってしまい途中で分割されてしまうことがあります。これは聴衆にとって小さなストレスになります。スライドの内容がほぼ固まったら、単語が途中で分断されないように、キリのいいところで改行を行いましょう。単に enter だと段落が変わってしまう（新たな箇条書き項目になる）ので、 shift + enter で段落内改行を使います。

　なお、この手の微調整を行うと最後に1文字だけの行ができてしまい、かえって見栄えが悪くなることがあります。右側に余裕があれば文字枠の幅を少し伸ばせば解消できますが、そうでなければ元の文章の言い回しや表現を見直したほうがいいかもしれません。

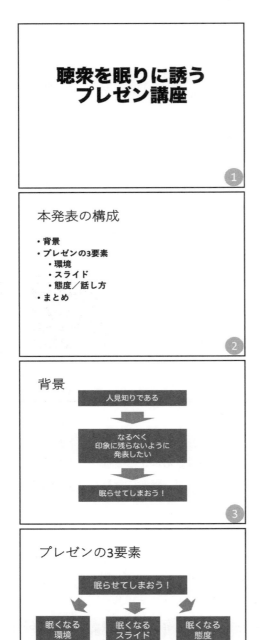

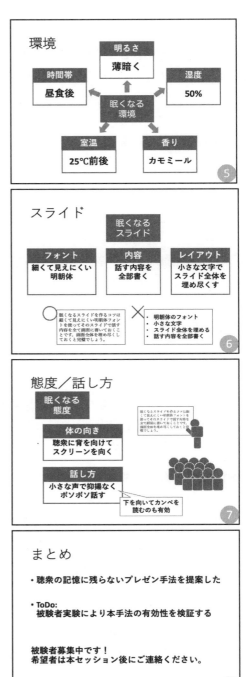

図 10.3.1　プレゼンテーションを組み立てる

スライド番号を入れる

スライド番号がないと、質疑のときに「各都市を比較したグラフのところなんですが...」「これですか?」「いや、それじゃないな、もう少し前だったかな」「これですか?」「あぁ、それそれ」みたいなやりとりで貴重な質疑時間を無駄にしてしまいます。

フッターなどにスライド番号が入っていると、聴衆は気になるスライドを番号で覚えておくことができます。質疑応答のときには「8 番のスライドのところなんですが...」のように、質問したいスライドの場所を簡単に伝えることができるようになります。

補助資料を用意する

想定問答集を作っておきましょう。質問に答える際に発表中で使用するスライドでは説明しにくければ、補足説明用のスライドも作成し、後ろの方に追加しておくと良いでしょう。なお、「発表の最後のスライド」と「補足説明用のスライド」の間に白紙のスライドを挟んでおくと、補足説明用のスライドを意図せず表示してしまう "事故" を防ぐことができます。

誤字脱字がないか確認する

最後に、誤字脱字がないかもう一度確認しましょう。自分では意外と気づかないので、他人にチェックしてもらうのがお勧めです。

「ご清聴ありがとうございました」

「ご清聴ありがとうございました」は、自分のプレゼンテーションを聞いていただいたことへの感謝を示すために使われる定番の表現です。しかし、「ご清聴ありがとうございました」だけが書かれたスライドは不要です。大抵の場合、このスライドが表示された状態で質疑に入ることになるのですが、このスライドには内容に関する情報が何もありません。質問者が内容を振り返って疑問点を整理するためには、「どういう話だったのか」が簡潔にまとまっている「まとめ」のスライドの方が望ましいのです。

KISS の原則（KISS principle）

KISS は「Keep It Simple, Stupid」の頭文字で、文書や口頭で何かを説明するときの、もっとも重要で、常に心にとめておくべきルールとされています。プレゼンテーションでは時間も限られているので、要点を的確に伝えることが求められます。なるべく単純化し短い言葉でアイデアを伝えることで、アイデアの魅力が際立ち、聴衆の記憶に深く残るようになります。

10.4　プレゼンテーションを行う

「何について話すのか」と同じくらい「どのように話すのか」が重要です。

10.4.1　発表練習

いざ聴衆の前に立ってみると、意外と緊張するものです。事前に練習を繰り返すことで大きなミスを避けることができます。発表練習では以下の点を確認しておきましょう。

話しやすいか

スライド上では書き言葉になっていることが多く、そのまま読んでしまうとうまく話せないことがあります。実際に声に出してみて話しやすさを確認しましょう。スライド上の文章とは別に話すための原稿を作りましょう。

スライド間の繋がり

シナリオに沿ってスライドを作成していても、実際に話してみると次のスライドへの繋がりが悪いことがあります。滑らかにつながるよう、つなぎのスライドを一枚増やしたり、必要ならシナリオの再検討をしたりします。内容が大きく転換する場所であれば、区切り用のスライドや切り替え効果を追加してもいいでしょう。

時間配分

持ち時間より大幅に短すぎたり長すぎたりしていませんか？実際に声に出して話してみて、時間内に収まるか確認しましょう。持ち時間を大幅に超過する方も見かけますが、他の人の迷惑になるので真似をしてはいけません。

接続方法

対面でプレゼンテーションを行う場合には、プロジェクタや外部ディスプレイへ出力しなければなりません。外部出力の操作方法を確認しておきましょう。また、会場のケーブルが HDMI なのか VGA なのかも確認しておきましょう。場合によっては変換アダプターが必要です。

外部ディスプレイを接続した時には、パソコンと同じ画面が映るモードと、画面が拡張されるモードがあります。拡張画面の時には、次のスライド、話す内容のメモ、経過時間などが確認できる発表者用画面が利用できます。

配信方法

プレゼンテーションをオンライン配信する場合には、オンライン会議アプリとプレゼンテーションソフトを同時に動かさなければなりません。オンライン会議での画面共有の方法、マイクの設定やオンオフの方法などを確認しておきましょう。

対面とオンライン配信を併用するハイブリッド形式の場合には、ハウリングしないよう適切な設定をしなければなりません。これは現地の音響設備との兼ね合いがあるので、本番の前に現地で確認させてもらうのが一番です。

　少し気恥ずかしいかもしれませんが、他人に発表練習を見てもらうのも有効です。発表者する当人は当たり前だと思って「したがって、」などとさらっと説明した部分で論理が飛躍していると指摘されることがあります。他人に見られるのがどうしても嫌ならば、スマートフォンなどで録画してみるのもお勧めです。

10.4.2　本番！

落ち着いてゆっくり話そう

　　緊張すると早口になります。意識してゆっくり目にしてちょうどいいくらいです。

大きな声で はっきり話そう　会場の広さやマイクが使用できるかどうかなどにもよって出すべき声の大きさは変わります。マイクがないときには、会場の後ろの人にも聞こえるよう大きな声で話すように心がけましょう。口を大きく開けて、一音一音を丁寧に発声するのがコツです。

聴衆に向かって顔を上げて話そう

　　聴衆に顔を向けて話すと、聴衆は自分に語り掛けられているように感じます。そのためには画面やスクリーンを見ないで話ができるぐらい内容を頭に入れておく必要があります。

慣れないうちはアドリブは危険です

　　発表次にテンションが上がってくると、つい、もともと準備していなかったことをアドリブで話してしまうことがあります。これは時間が超過する危険性が高く、最後の結論のところが早口になったり、尻切れになってしまいがちです。時間配分の間隔が掴めないうちは避けましょう。

質疑応答では とにかく何か話そう

　　質問されて固まらないようにしましょう。「はい・いいえ」で答えられる質問は、まず「はい・いいえ」を答え、詳しい理由はその後に回答します。即答できない質問は「確かめてからお答えします」「判りません」という回答でも恥ずかしいことはありません。質問の意味自体がわからないときには、適当に答えるのではなく、「こういう質問でしょうか？」と逆に問いかけたり、「後ほど議論させてください。」と先送りするのも手です。

10.5   演習問題

演習 1. 都道府県のうち自分の好きなものを一つ選び、5 分間程度の観光広報スライドを作成してみましょう。

演習 2. 忍者が現れたり消えたりするように見えるスライドを作成してみましょう。一枚のスライドでアニメーション機能を用いて作るとどうなりますか。アニメーションを使わず、複数スライドを使って作成するとどうなりますか。

演習 3. インターネット上には様々なスライドが公開されています。いくつか検索してみて、どのような点が良いか、また改善すべき点があるかどうか、考えてみましょう。

演習 4. 画像ファイルをスライドに貼ってみましょう。一枚の画面に複数のスライドを並べるときには、大きさや配置のバランスなどで印象が大きく変わります。

演習 5. プレゼンテーションを行ってみましょう。
途中で前のスライドを参照したり、質疑応答のときに、指定されたスライドをすぐに出せるかどうか、試しておきましょう。

演習 6. 外部ディスプレイを接続し、2 画面構成で PowerPoint を動かしてみましょう。発表者画面とスライド画面を出すことができるか、確認しましょう。

演習 7. オンライン会議アプリと PowerPoint を同時に動かしてみましょう。会議を立ち上げ、PowerPoint のスライド画面を画面共有できるか確認しましょう。

演習 8. 対面と画面共有によるオンライン配信を併用する場合には、対面会場のスクリーンを指示棒やレーザーポインターで指してもオンラインの人に伝わりません。代わりにスライド上でポインタを動かす必要があります。PowerPoint 上でのポインタ表示や書き込み方法を確認しておきましょう。

第 11 章

文書作成ソフトとアカデミックライティング

11.1 文書作成ソフトとは

　文書作成ソフト（ワードプロセッサ）は、文章が主であるような文書を作成するためのアプリです。このような文書を作成するためには単に文字が入力できればいいのではなく、文書全体の構成の変更や推敲といった、いわゆる "編集" を行うための様々な機能が必要になります。

　なお、チラシやポスターのように紙面上の様々な位置に画像や文字を配置するタイプの文書は、背景画像を用紙の端いっぱいまで入れたり、文字も図形としてデザインされている側面があります。文書構造の制約が強い文書作成ソフトよりも、自由にレイアウトができるプレゼンテーションソフトの方が向いています。

　Word（ワード）は Microsoft Office の中の文書作成ソフトです。文書作成のみならず、図形描画、Web ページ作成など、豊富な機能を持っています。Microsoft Office の他製品とデータの相互乗り入れができるため、Word 文書内で Excel の機能を用いたグラフ描画や表計算もできます。

11.1.1 カットアンドペースト

　長い文書を作成するときには何度も推敲を行います。推敲作業では、文中の語順を入れ替えたり、文章や段落を移動したり、という作業が頻繁に生じます。また似たような構造や表現の文を繰り返し記載するような場面もあります。こういったときに元の文章があった部分を一文字ずつ削除し文章を新たに入れたい場所で同じ文章をもう一度入力する、似た文章を毎回一から入力する、という方法では作業効率がとても悪くなります。

　すでに入力した文章を他の場所に移動したりコピーしたりする方法として、「Cut&Paste（カットアンドペースト）」あるいは「Copy&Paste（コピーアンドペースト）」と呼ばれる操作があります。この 2 つの操作は、「カット」「コピー」「ペースト」と呼ばれる 3 種類の基本操作から成ります。

表 11.1　カット, コピー, ペースト

カット	移動したい部分を切り取る操作。移動したい部分は、ポインタでクリックしたり、あるいはポインタでドラッグすることで範囲指定します。カットされたものは「クリップボード」と呼ばれる場所に記憶されます。
コピー	移動元から削除されないことを除いて、カットと同じです。選択された部分はクリップボードに記憶されます。
ペースト	クリップボードに記憶されている内容を文書中に貼り付ける操作です。貼り付ける場所はポインタで事前に指定しておくのが一般的です。クリップボードに記憶されているデータは、他のデータをクリップボードに取り込むまで残っているので、同じデータを続けて何度もペーストすることができます。

　カットやペーストの操作は、メニューやツールバー、マウスの右クリックメニューなどから行うことができます。移動したいものが文章中の一部で、移動先も画面上で見えている場合には、移動したい部分を選択状態にし、それをそのまま移動先までドラッグ＆ドロップできる手法が使えることもあります。

　また、表 11.2 に示すようなキーボードショートカットが用意されています。キーボードショートカットを覚えるとマウス操作よりも早く作業ができます。カットアンドペーストは、Word だけでなく、多くのアプリケーションで標準的に利用できる機能です。キーボードショートカットが使えると作業効率が全然違いますので、ぜひ覚えてください。

表 11.2　カット, コピー, ペーストのキーボードショートカット

	Windows	macOS
カット	対象を選択後 Ctrl - X	対象を選択後 command - X
コピー	対象を選択後 Ctrl - C	対象を選択後 command - C
ペースト	Ctrl - V	command - V

11.1.2　検索と置換

　文書作成では、語句の表記揺れが起こることがあります。「PC」と「パソコン」、「スマートフォン」「スマフォ」「スマホ」などです。また、句読点を「、。」ではなく「，．」に揃える必要があるかもしれません。文書中から特定の文字列を見つけ別の文字に置換したりするのは、文書作成ソフトが得意とするところです。人が目で探して一つ一つ入力し直すのに比べて圧倒的に高速ですし、漏れがなく確実です。

　ただし、いきなり一括置換すると意図しないところも置き換わってしまうことがあります。例えば「PC」を「パソコン」に一括置換すると、「POPCORN」が「POパソコンORN」になっているかもしれません。慣れるまでは一つ一つ確認をしながら置換した方が安全です。

11.1.3　フォント

　文章を作成するときの「文字」には様々な見た目のものがあります。これを**フォント**（書体）といいます。世の中には膨大な数のフォントがあります。欧文フォントは、図 11.1.1 に示すようにストロークの端点に飾りのついた**セリフ体**と、そういった飾りのない**サンセリフ体**に分類されます。また日本語フォントは、大きく**明朝体**と**ゴシック体**に分かれます。文書の目的に応じて、様々な種類や大きさのフォントを組み合わせて使用することになります。セリフ体や明朝体は文章の本文部分、サンセリフ体やゴシック体は強調したい部分や見出し部分などでよく使用されます。

　文字の幅に着目すると、文字毎に幅が異なる**プロポーショナルフォント**と、すべての文字が同じ幅の**等幅フォント**（モノスペース）とがあります。伝統的な欧文フォントの多くはプロポーショナルフォントです。

　フォントの大きさは「pt（ポイント）」という単位で表すのが一般的です。これは出版業界で使われてきた単位・用語がそのまま文書作成ソフトに導入されたためです。通常の文書の本文部分のフォントサイズは 10〜11pt が標準的な大きさで、実際 Word での初期値は 10.5pt になっています。

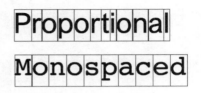

図 11.1.1　フォントの種類

11.2　フォーマット

　文書作成ソフトで作成された文書は、多くの場合、最終的には紙に出力されることを前提としています。レポート課題や学術論文誌などに投稿するときにも、1 ページの大きさ（用紙の大きさや向き）、1 ページに含まれる行数、1 行の文字数、余白の取り方などが指定されていることがあります。これらは一般に「フォーマット（書式）」やページレイアウトなどと呼ばれています。文書ソフトでは文書作成前に設定することもできますし、後から変更することもできます。

11.2.1　用紙サイズ

　用紙サイズは判型と呼ばれる規格で指定します。皆さんが通常使用するノートは B5 判ですが、大学や事務で作成される書類は A4 判が一般的です。外国の学術論文誌の場合には、letter サイズという、日本の判型とは異なる縦横比の用紙サイズが標準になっていることがあります。

11.2.2　マージンとヘッダー、フッター

　図 11.2.2 に文書の標準的なレイアウトを示します。

　用紙の上下左右にある、本文が配置されない余白部分のことをマージンと呼びます。A4 判の書類の場合 2.5cm 程度のマージンが一般的です。数字だけみるとすごく広いように感じる感じるかもしれませんが、実際に紙に印刷してみるとそれほど広くは感じません。むしろ用紙サイズいっぱいに文字を配置すると非常に窮屈な印象になってしまいます。適度な余白は重要です。一般に販売されている書籍の余白を注意してみると、意外に広いことがわかります。この余白部分はヘッダーやフッターを配置したり、二穴バインダーで綴じるときの綴じ代となったり、書籍の場合には小口寄りの見出しを入れたりするのに使用します。

　文書のほぼ全ページにわたって上部のマージンに入るものをヘッダー、下部のマージンに配置するものをフッターといいます。ヘッダーには章見出しを、フッターにはページ番号や脚注などを配置します。

11.2.3　1 ページの行数、1 行の文字数

　文書のフォーマットとして、1 ページの行数や 1 行あたりの文字数を指定されることがあります。本来はフォントサイズが決まることによって読みやすい行間が決まり、その結果として 1 ページあたりの行数が決まるものです。そのためフォントサイズを無視して 1 ページの行数を先に固定すると、行間が異常に狭くなったり広くなったりします。通常は文書作成ソフトの標準値のままにしておきましょう。なお、添削のための印刷するときには、書き込み領域のために一時的に行間を広くすると便利です。

　1 行あたりの文字数も同様です。本来はフォントサイズが決まることによって 1 行に収められる文字数が決まります。フォントサイズに関係なく 1 行の文字数を固定すると、文字と文字

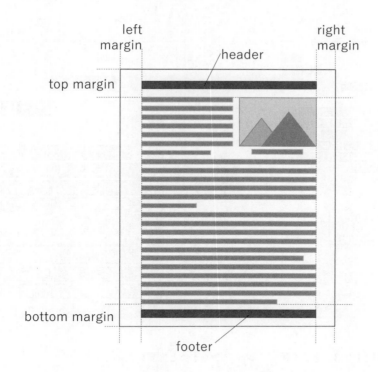

図 **11.2.2** マージンとヘッダー、フッター

の間隔が異常に狭くなったり広くなったりして読みにくくなってしまいます。プロポーショナ
ルフォントを使っている場合には 1 行の文字数を固定すること自体に意味がありません。等幅
フォントの場合も、行頭に句読点が来ないようにする**禁足処理**なども行われるため、必ずしも
1 行の文字数が指定した数になりません。1 行の文字数はあくまでも目安程度だと思ってくだ
さい。

11.2.4　右揃え、中央揃え、インデント

　ビジネス文書の場合には、タイトルを中央寄せにしたり、日付を右寄せにしたりといった体
裁が重要になります。また箇条書きや引用部分では、行の左端の位置をマージンからさらに一
定の量だけ離して見易くすることもよく行われます。このときに空白文字を使って見た目の調
整をするのはやめましょう。文章の編集をするたびに空白の数や位置を直さなければならない
上に、図 11.2.3 に示すように、後から文字サイズを変更したり用紙サイズを変更したりしたと
きにもレイアウトが大きく崩れてしまい、修正がとても大変になります。

　文書作成ソフトには基本的なレイアウト機能として右寄せや中央寄せの機能があります。そ
ういった機能を利用してレイアウトを行うと、図 11.2.4 に示すように後から文字サイズを変更
したり用紙サイズを変更したりしても基本的なレイアウト構造が維持されます。

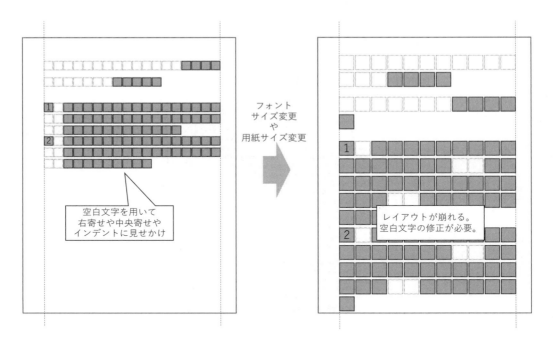

図 11.2.3　空白を用いてレイアウトすると変更に対応できない

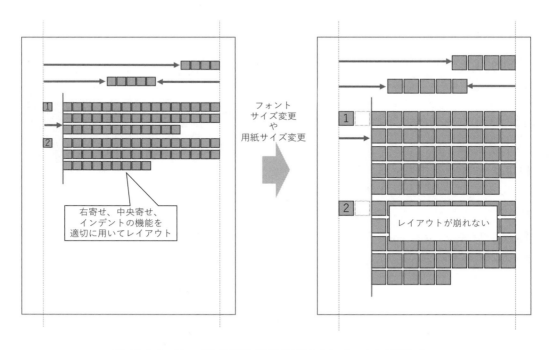

図 11.2.4　ワープロの機能を適切に使うとレイアウトが崩れない

11.2.5　図表や画像

　文書作成ソフトで作る文書の主役は文章ですが、図や表で示すことで言いたいことがより明確に伝わるようになります。図表には見出しを付ける必要があります。見出しを書く場所は、一般に、表では上、図では下とされています。

　図表をページ上のどこに配置するかについてもルールがあることがあります。一般の書籍の場合にはページの上部や下部に配置されることが多く、上下を文章に挟まれたような位置に配置することは少ないようです。

　画像を文書に貼り込む際には画像自体の容量にも注意が必要です。特にスマートフォンで撮影した画像は縦横それぞれ数千ピクセルもあり、画像ファイル単体で数 MB のサイズがあります。ページレイアウト上で画像を縮小して配置しても、データとしてはもとの大きさのまま保持されています。そのため見かけ上は小さな画像を十枚程度配置しただけで文書のファイルサイズが数十 MB 以上になることがあります。

　紙に印刷するのであれば高解像度のままの方が綺麗ですが、電子的な形でやりとりをする場合には文書のファイルサイズに気を配る必要があります。例えば、レポートを教育用ポータルシステムなどにアップロードして提出する場合、アップロードできるファイルサイズの制限にひっかかって提出できないことがあります。文書内に配置する画像は、文書ファイルに貼り込む前に画像編集ソフト等で解像度を落としておくことも検討しましょう。

11.2.6　見出しと目次、脚注、参考文献の参照

　学術論文などでは、文書の様々な部分を本文内で相互に参照することがあります。そのページの下部あるいは章末に脚注を載せたり、本文中で巻末の参考文献番号を入れたりといったことです。手動で番号を入力すると、脚注や文献の増加に伴って番号がずれる恐れがあります。文書作成ソフトでは、こういった文書内参照を適切に管理し、編集に伴って番号を自動的に割り振り直す機能があります。文書の規模が大きくなると、見出しから目次を自動生成する機能も便利です。

11.3　アカデミックライティング

　皆さんは、これまでも感想文、手紙、日記など、様々な文章を書いた経験があると思います。これらの文章は、経験や知識に基づいて自分の意見や感想、思索を散文としてまとめたものであり、エッセイと呼ばれます。私たちが小学校の国語の時間で書いてきた作文は基本的にエッセイです。これに対して、大学で求められるレポートや論文は、学術的な文書であり、基本的スタイルがまったく異なります。レポートや論文では事実や論理に基づく客観的な内容を書くことが求められます。アカデミックライティングとは、このような学術文書を書くための技術です。

就職してからも「企画書」「マニュアル」など様々な文書作成の機会があります。これらは学術的なものではないかもしれませんが、「操作方法を伝える」「企画を採用してもらう」といった目的があり、わかりやすく説得力のある文章を作るという意味でアカデミックライティングの技術が役立つでしょう。

11.3.1 レポートや論文の構成

論文には 3 つの重要な要素があります。これらの要素を論文中でどのような順序で展開するのかは、分野によって若干の差異があります。

1. 問い（問題提起）―― あるテーマについて設定した問い
2. 答え（結論・主張）―― 仮説や主張する意見
3. 論拠（論証）―― 主張を論理的に裏付ける根拠

論文の構成要素として重要なものを解説します。必ずすべてを論文に含めないといけないわけではなく、文書の分量やスタイルによって含めないものもあります。なお、引用と参考文献についてはそれぞれ 11.3.2 節と 11.3.3 節で説明します。

題目（Title）
　　重要なキーワードを含めて、**専門分野以外の人でも何が書かれているのかある程度は分かるようにしましょう。**取り扱う範囲が複雑で簡潔に表現できない場合には、大くくりな主題とポイントを示す副題（サブタイトル）の 2 段構成にすることも良いでしょう。多くの場合、読者は表題と要旨を見てその文献に目を通すかどうかを判断します。奇をてらう必要はありませんが、興味を持ってもらえるよう適切な題目をつけることは重要です。

著者（Author）
　　文字通りの意味は論文を執筆した人ですが、論文の場合には、共同研究者など研究内容に深く貢献した人を連名にすることがあります。連名のときの順序は、最も貢献した人を先頭にする、単純にアルファベット順にするなど、分野によっていくつかのスタイルがあります。

要旨・概要（Abstract）
　　論文に記載されている内容を、指定された分量で記述したものです。分量の指定は、500 字以内、A4 判 1 枚で、など様々ですが、通常は文章のみで記述します。数式や図表を含めることができません。どういう問題に対して何を主張するのか（問いと答え）を簡潔にまとめます。

序論（序、はじめに）
　　本論で扱うテーマの説明と問題提起をします。そのテーマが重要である背景、**何について書くのか、なぜそれを書くのか（研究の意義・問題背景）**を示し、本論文の目的へとつなげます。

関連研究・先行研究

同じ問題に対して、これまでどのような先行研究があるのかを説明し、自分がやったことと他人がやったことを区別します。また先行研究の問題点を指摘することにより、自分の主張の新規性や独自性を明確化することにつなげます。

本論

問いに対して結果（主張）とその論拠を詳しく示す場所です。本論には「仮説」「実験方法」「結果」などが含まれます。

仮説を立てた場合には、仮説とその検証方法についても記述します。**「行った実験や研究の具体的な方法」「実験や研究から得られた結果」**について説明します。実験の結果などは整理して示し、簡潔に要点を説明します。

なお、手法を記載するときには、具体的な方法の説明よりも**なぜその手法を選定したのかの根拠を説明する**ことが重要です。新しい手法を提案する場合にも、なぜそのやり方になったのか説明しましょう。

図、表、式

本論中では、主張をわかりやすくする補助資料として図や表を使うことが有効です。しかし、図表は載せただけでは読み手には伝えたいポイントが伝わりません。必ず本文中で「〜を図 14 に示す。」のように番号等で参照して説明を加えます。

式も、文章による曖昧さを排除するために使用します。本文中では「〜を表すと式 (4) のようになる。」といった形で参照し、さらに「ここで、x は〜である。」といった式中の記号の説明や、式全体が意味することの説明を記述します。

考察

事実に基づいて論理的に主張を展開する中にあって、唯一、主観的な意見表明ができる場所が考察です。**得られた結果（事実）に基づいて分析や検証を行い、どのようなことが言えるか**を記載します。主観的ではあっても論理的な筋道を辿って説明することが求められます。なお、結果を単に説明するようなものは「考察」ではありません。

結論（おわりに、まとめ）

結論では、序論で提起した「問い」と本論で展開した「答え」を簡潔にまとめます。**結果（事実）に基づいて、何が解明され、何が課題として残ったのか**を記述します。序論との整合性も確認しておきましょう。研究の意義や手法の評価、他の研究との比較などが含まれることもありますが、本論で論じていないことを書かないよう注意します。

謝辞（Acknowledgment）

研究を進めるにあたり、重要なコメントやアドバイス、財政的な補助を受けている場合に謝意を表すために記載します。なお、原書が洋書の書籍にはよく家族への感謝が書いてあることがありますが、論文の場合にはそういったものは記載しません。

11.3.2　引用

　引用（citation）とは、公表されている他人の著作物の一部をそのまま、または要約して、自分の文章に記述することを言います。皆さんが作成するレポートや論文では、文献などの書籍、他人の論文、調査機関などの Web サイトなどの文章や図表などを引用することが多いでしょう。

　引用は著作権法で次のように定義されています。

───────── 著作権法 第 32 条（引用）─────────

(1) 公表された著作物は、引用して利用することができる。この場合において、その引用は、公正な慣行に合致するものであり、かつ、報道、批評、研究その他の引用の目的上、正当な範囲内で行なわれるものでなければならない。

　引用とは本来もとの文章の著者の許諾を得る必要はない行為です。したがってよく目にする「無断引用」という非難は語義矛盾しています。また、「公正な慣行」という表現がありますが、これがすなわち引用する際には引用のルールに従ってください、ということを意味しています。

　引用には分量の制限と引用の仕方のルールがあります。分量の制限とは、自分の論文やレポートが「主」、引用箇所が「従」の関係になる分量であることです。引用のスタイルには直接引用と間接引用があります。

直接引用（短文）

　本文中に「」で括って引用した文章を記載します。元の文章を一字一句誤りなく写し書きすることに注意しましょう。

> 吉村ら [1] は「X 反応が Y の濃度変化によって発生する可能性がある」と述べている。

直接引用（長文）

　ブロック引用とも呼ばれます。引用部分は左右のマージンを広めに取り、視覚的にも引用だとすぐ分かるようにします。これも、元の文章を一字一句誤りなく写し書きすることに注意しましょう。

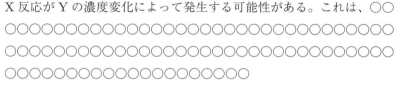

間接引用

要約引用、参照引用とも呼ばれます。元の文章を自分なりに要約して引用します。引用した著者の考えや意図を変えないよう注意しましょう。

> 吉村ら [1] は、Y の濃度変化が X 反応が発生する一因なのではないかと考えている。

引用するときに重要なことは、自分の書いた文章と引用箇所が明確に区別された表現にし、出典を明記することです。文章ではなく図や表を引用する場合には、図表の見出しに引用元（出典）の情報を追記します。

剽窃（ひょうせつ）

他人の文章をあたかも自分が書いたかのように丸写しする行為は**剽窃**と呼びます。インターネットで検索して得られた情報であっても同じです。

この行為は著作権法的にも違法であり、また学問の世界では最も忌み嫌われる犯罪行為です。学術論文において剽窃が発覚した場合には、その論文の著者の社会的信用は失墜し、学問の世界から抹殺されると思ってください。

大学のレポートでも、他人のレポートを写す行為は試験におけるカンニングと同じレベルの不正行為であり、発覚した際には単位が発行されないものと思ってください。学位論文であれば授与された学位が取り消されることもあります。「学生だから許される」ということはありません。

11.3.3　参考文献

レポートや論文の最後には、引用した文献の著者名やタイトルなどの詳細な情報を参考文献として一覧の形でまとめます。読者が、引用された内容について実際に情報源に当たって裏付けを取ることができるようにするためです。参考文献には、書籍や学術論文だけでなく雑誌の記事、Web サイトのページなど様々なものが含まれますが、記載すべき内容は表 11.3 に示すようにほぼ決まっています。

表 11.3　参考文献に記載する事項

メディア	項目
書籍	著者名, 書名, 出版社, 出版年など
雑誌記事	著者名, 記事タイトル, 雑誌名, 出版年, 巻号, ページ番号
論文	著者名, 題目, 論文誌名, 巻号, 出版社, 発表年, ページ番号
新聞	著者名, タイトル, 新聞名, 掲載日と朝刊/夕刊など, 欄名かページ数
Web サイト	著者名, ページのタイトル, 入手先 URL, 参照年月日

　参考文献の記載方法のフォーマットは専門分野や論文誌によって異なりますが、全体として
フォーマットを統一することが重要です。なお、Web サイトの場合に参照年月日を記載するの
は、Web サイトの内容が閲覧後に変化する可能性があるためです。以下に参考文献の例を示し
ます。

[1] ジョン・V・スミス 著, 枕野志保 翻訳,「大学論講義」, 仮想大学出版会, 2022.

[2] John V. Smith, "The idea of Japanese University", *Virtual Univ. Press.*, 2020.

[3] 荒馬利恵,「ネガッタリカナッタリ」, 仮想新聞 2023 年 5 月 1 日朝刊, 編集記.

[4] 伊庭猫放浪記,「ゼリーとトロミの微妙な関係」, http://example.com/8.php （2018
　　年 1 月 15 日参照）.

11.4　執筆の流れ

　レポートや論文は、単に調べものをして報告するものではありません。集めた情報を分析し、
自分なりの意見（視点）を明確に書くことが重要です。その際、事実やデータの積み重ねおよ
び論証の過程がしっかりしていなければいけません。インターネットや文献の情報を丸写した
だけのレポートではほとんど評価されません。既存の研究や分野の動向をまとめた「サーベイ
（survey）」という報告書の形態もありますが、調査対象の選択や結果分析に著者自身の創意が
求められます。

制約事項の確認

　　　　何よりも先に、分量、締め切り、フォーマットなどの制約事項を確認しておきましょう。
　　　　大抵のレポートには提出期限と、想定されるおおよその分量が定められています。学会
　　　　論文誌への投稿などでも発行のタイミングごとに投稿期限があり、投稿種別によって規
　　　　定のページ数があります。執筆にかけられる時間には限りがあります。期限に間に合う
　　　　よう余裕をもって取り組みましょう。

　　　　学会論文誌の場合にはマージン、フォントの種類とサイズ、参考文献の書き方など、
　　　　フォーマットが細かく指定されています。フォーマットから大きく外れると受理されな
　　　　いこともあります。

テーマを決める

　　　　研究論文の場合には、すでに調査すべきことが明確であったり、あるいは調査結果が既
　　　　に得られていたりすることが多く、テーマ選択に悩むことは少ないかもしれません。
　　　　分野にもよりますがレポートの場合、ゆるやかなテーマが与えられることが多いようで
　　　　す。漠然としたテーマに対する自分なりの視点を持つために、テーマを具体化する必要
　　　　があります。テーマを決めるには以下のステップを繰り返します。

1. とりあえず思いつくキーワードらしきものを書き出す
2. 辞典・事典・用語集で類義語を調べる
3. 検索サイトを使って情報を収集する

繰り返す際には、最初は発想を膨らませて思考を広げることを意識し、関心領域がはっきりしてきたら絞り込むことを意識します。

素材集めと分析

テーマがはっきりしてきたら、より確かな資料を収集して分析を行います。Wikipedia などは情報収集の段階で着想を膨らませるために使うにはよいのですが、レポートの根拠資料としてはふさわしくありません。できるだけ原典（論文ならば原論文）にあたる習慣をつけましょう。

1. 図書・雑誌・記事などの情報を収集する
2. 図書などはレビューを参考にする
3. 情報を分析し、自分なりの視点を考える

アウトラインの作成

調べ物が一段落したところで、集めた情報群を眺め、以下のようなことを考えながら、集めた情報を取捨選択します。複数の情報源の内容を組み合わせて、筋の通った一連の説明になるように議論の展開・道筋を考えて書き出します。

- 最初の問題設定と答えのペアは課題に合致しているか？
- 集めた情報でその答えが導出できるか？
- 問題設定を見直すほうがよいのではないか？

この作業にはいくつかの手法があり、関連マップを手書きで整理するというアナログなほうが効率がよいことがあります。共同作業の場合にはホワイトボードに付箋をつかって整理します。オンラインでもホワイトボード機能を使って同様の作業ができます。

章、節に分ける

アウトラインに沿って大きな意味のまとまり毎に章や節に分割しましょう。それぞれの場所に書くべき内容を箇条書き風にメモし、内容がほぼ固まったら見出しを練ります。適切な見出しをつけることができれば、見出しだけで論文の流れがわかるようになり、読み手の理解を助けます。

執筆する

いきなりキーボードに向かって完成された文章をすらすら入力できることはまずありません。上記の作業でメモ書きした書くべき項目は、それぞれが小さな意味のまとまりになっています。これを参考にしながら段落を分けて執筆します。

段落の単位は文の量ではなく、意味です。その段落で言いたいことを表す一文のことをトピックセンテンスと呼びます。段落にはトピックセンテンスと無関係な文を含めないようにしましょう。結果として一文だけの段落になっても構いません。

執筆スタイルは人によって様々ですが、とりあえず全体を通してとりあえず執筆し、その後何度も推敲を繰り返すほうが良いでしょう。実際に文章にしてみると、分量のバランスや説明の順序関係がおかしいところなどに気付きます。

執筆中に、項目として忘れているものに気づいたら すぐにメモしておきます。「後であれも書かなくちゃ」と思っているだけだと忘れてしまいます。

繰り返し確認して推敲する

一通り完成したら、誤字・脱字や漢字変換のミスがないかをチェックします。加筆修正を繰り返しているうちに、主語 (主部) と述語 (述部) が捻れてしまうことがよくあります。読み直して、わかりにくい箇所やふた通りの意味にとれる箇所がないか確かめます。少し時間を置いてから批判的に読み返してみると意外と見つかるものです。

可能であれば他人に見てもらって、わかりにくいところなどコメントをもらえると独りよがりの部分や論理が破綻している部分を見つけることができます。また、次節で述べる点を重点的に確認し、わかりやすい文章になるよう推敲を重ねます。

11.5　わかりやすく書く技術

わかりやすい文章を書く技術については良書が何冊も出ています。具体的な書き換え例も豊富なので、ぜひ一読することを勧めます。また生成 AI などを利用して文章の添削をすることもでき、なぜそのように修正したのか理由を尋ねることもできます。添削結果をみることで、元の文章が誤解されうることに気付くこともあり、推敲のヒントとして活用できます。

ここでは代表的な注意点をいくつか取り上げます。

11.5.1　対象とする読者層を想定する

プレゼンテーションであれば相手の反応を見ながら説明を加えたり、説明の仕方を変えたりすることができます。しかし、レポートや論文ではそれができません。

そこで文章を書くときには、どのような読者を対象としているのか、想定して書くことが求められます。読者は何を知っていて、何を知らないのか。どのような疑問や反論を思いつく可能性があるか。自分では常識であることでも、読者にはそうではないかもしれません。

11.5.2　専門用語や略語の解説を入れる

専門用語や略語は初出のところで解説が必要です。専門知識がない人向けの文書（特に企画書など）では、そもそも専門用語を平易な言葉で言い替えたほうがいいかもしれません。

学問の分野では、その分野で定義が決まっている専門用語（テクニカルターム）を用いることで、その言葉を使うことで、同じ分野の人であればあいまいさを排した議論ができるようになります。多くの場合、それぞれの分野で使用される用語とその定義をとりまとめた辞典があ

ります。学術以外にも用語の規格は存在します。例えば、工業の分野では JIS 規格用語[1] などがあり、外来語の表記については、文部科学省の告示[2] などがあります。すでに専門用語がある事項について自分で勝手な単語を創造しないようにしましょう。

11.5.3　誤解できないことを最優先に

アカデミックライティングでは、専門的で複雑な内容を取り扱うことが多くあります。書いてある内容が正確に伝わることが何よりも重要であり、そのために文章が多少冗長になることはやむを得ません。

読者に推測させたり、行間を読んでもらうような文章は望ましくありません。理論的な論文の場合、「説明しなくても皆知っているだろう」「わかってくれるだろう」という思い込みは危険です。

主語と述語の対応が取れているか、二重否定などを多用してわかりにくくなっていないか、ふた通りの意味にとれるような文章になっていないか、などといった点にも注意しましょう。

11.5.4　文体などを統一する

「です・ます」調（敬体）か「だ・である」調（常体）のいずれかに統一します。学術論文では常体を用いるのが一般的です。ある程度の期間をかけて文書を記述していると文体が揺らぐときがあります。また、素材を Web サイトなどから集めた場合にも異なる文体が混在しがちです。

また「話し言葉」ではなく「書き言葉」を使うようにします。例えば、「なので、」で文を始めるのは話し言葉です。書き言葉では「したがって」「以上のことから」のような表現を使います。話し言葉と書き言葉には明確な定義はないので、こればかりは多くの文書を読んで傾向を身につけるしかありません。

11.5.5　簡潔に書く

接続詞などを使って一文が長くなると、理解しづらく意味が曖昧になる傾向がああります。文章は適切な長さに分割しましょう。

> 一般に飛行機内でスマートフォンが利用できない時間帯は出発飛行機のドアが閉まったときから着陸後の滑走が終了したときまでであり、それ以外の場合や機内モードであれば利用できますが、機長が安全運航に支障があると判断された場合は機内モードであっても利用できず、違反した場合は航空法により罰金が科せられることもあります。

この例はで一つの文が 152 文字から成っています。文章を分けると読みやすくなります。

---

[1] http://www.jisw.com/
[2] 内閣告示第二号（平成三年六月二十八日）

> 一般に飛行機内でスマートフォンが利用できない時間帯は、出発飛行機のドアが閉まったときから着陸後の滑走が終了したときまでです。それ以外の場合や機内モードであれば利用できますが、機長が安全運航に支障があると判断された場合は機内モードであっても利用できません。違反した場合は航空法により罰金が科せられることもあります。

11.5.6　被修飾語をはっきりさせる

被修関係がはっきりしない文章は、句点（、）を用いたり語順を替えたりすることで被修飾語を見つけやすくなります。以下の（ア）では、楽しそうにしているのが「実験している学生」なのか、それとも「話しかけた先生」なのかを特定できません。（イ）～（エ）のようにすると、「楽しそうに」が修飾している語句がはっきりします。

> （ア）「先生は楽しそうに実験している学生に話しかけた。」
> （イ）「先生は、楽しそうに実験している学生に話しかけた。」⟹　学生が楽しそう
> （ウ）「先生は楽しそうに、実験している学生に話しかけた。」⟹　先生が楽しそう
> （エ）「先生は実験している学生に楽しそうに話しかけた。」⟹　先生が楽しそう

11.5.7　指示語を確認する

文章を簡潔にする方法として、一度説明したことを繰り返さずに「これ」「それ」といった指示語で示すことがよくあります。推敲を繰り返すうちに、指示語が指していたはずの元の文章がなくなっていたり、遠く離れてしまって意図した場所とは違う文章を指していると読まれてしまうことがあります。全体を通して指示語の指し先がどこにあるのか、確認しましょう。

11.5.8　箇条書きを効果的に使う

段落の中で多くのことを羅列する場合には、視覚的にもわかりやすい箇条書きが効果的です。各要素が順序列的な意味がある場合には番号付の箇条書きを利用しましょう。

11.5.9　表記の揺らぎ

「利用者」と「ユーザー」、「ユーザー」と「ユーザ」のように、同じものが別の表現になっていることがあります。また、異なるものを同じ言葉で呼んでいないか、なども確認します。

句読点の揺らぎにも注意します。句読点とは句点「。」と読点「、」のことで、書き言葉特有の記号です。句読点に使う記号は、分野によって「、。」「，。」「，．」の３つの組み合わせが混在しており、学術論文誌の投稿規定ではどの記号を使うべきか指定されています。一つの文書の中で混在させないようにしましょう。句読点としてどの記号を使うかが決まっているのであれば、かな漢字変換の設定であらかじめ設定しておくことができます。

11.6　演習問題

演習 1. 文書作成ソフトを起動して、自己紹介の文章を書いてみましょう。ファイルに保存したら、一度文書作成ソフトを終了しましょう。先ほど保存したファイルの編集を再開してみましょう。

演習 2. 短い昔話や好きな音楽の歌詞を入力して、文字入力方法を確認しましょう。読みのわからない漢字や特殊な記号を入力するにはどのような方法があるか、確認しましょう。

演習 3. 「機種依存文字」とは何かを調べ、まとめてみましょう。機種依存文字を使用するとどのような問題があるでしょうか。

演習 4. 「桃太郎」と「金太郎」が出てくる短いお話を作ってみましょう。完成したら、「桃太郎」と「金太郎」を入れ替えてみてください。

演習 5. 置換機能を利用して、「です・ます調」の文章を「だ・である調」に変換してみましょう。

演習 6. A4判横置きで駐輪禁止の貼り紙を作ってみましょう。クリップアートなどでイラストを配置してもかまいません。

演習 7. 文書内に大きな画像を配置してみましょう。このときの文書ファイルのサイズを確認しておきます。文書に貼り込まれた画像のサイズを様々に変更し、文書ファイルのサイズがどの程度変化するか確認しましょう。文書ファイルのサイズを小さくするにはどのようにしたらいいか、考えてみましょう。

演習 8. フッターにページ番号を入れてみましょう。文書の1枚目を表紙としたとき、2枚目からページ番号を付けるにはどうしたらよいでしょうか。

演習 9. 国際会議への投稿論文などでは、「タイトルと著者名は中央寄せ、概要などは1段組、本文部分は2段組」というレイアウトを指定されることがあります。文書の途中で**段組**を変更する方法を調べ、ダミーの文章を使ってこのレイアウト通りに文書を作成してみましょう。

演習 10. 自分の専攻分野の論文をいくつか入手してみて、どのような構成になっているか調べてみましょう。

第 12 章

データの基礎

12.1　データとは

12.1.1　情報とデータ

　情報とデータという言葉はあまり厳密に使い分けることは少ないと思いますが、表したい対象を「定められた形式」で表現したものをデータと呼びます。例えば「今朝は水たまりに氷が張るくらい寒かった」だけではデータではありませんが、「1 時間ごとに測定した気温計の値を小数点以下 2 桁で表現したもの」はデータです。また、感動した風景を記録しておきたいと思ったとして、その風景を油絵で描いても「データ」とは言いません。しかしその油絵をスマートフォンで撮影し、ビットマップ画像のファイル形式である JPEG フォーマットで保存すれば、画像データと呼べるようになります。このようにコンピュータで情報を処理するためには、「取り扱いたい情報をコンピュータで取り扱える形で表現する」ことが必要です。

12.1.2　一次データと二次データ

　一次データ（Primary Data）とは、ある目的のために自ら収集したデータのことをいいます。データ収集のための時間や労力はかかりますが、目的に応じて調査の内容、規模、期間などを自分で自由度は非常に高く、最適な調査方法を設定することができます。データの発生源がもともと自分たちのところであるようなデータも一次データとして利用することができます。

　これに対して二次データ（Secondary Data）とは、他の人が他の目的のために収集した既存データを自分の目的のために利用することをいいます。すでに収集されたデータですので、調査方法などの自由度はありません。

　二次データとして入手しやすいものとしては、政府や官公庁が調査した国の統計データがあります。これらは調査期間、調査範囲、調査方法などの情報とともに再利用可能な形で公開されています。

12.2　一次データ収集時の注意点

12.2.1　全数調査か抽出調査か

　データ処理には、母集団のすべてのデータを処理する全数調査と、母集団の一部分を抜き出した標本を対象に処理する抽出調査があります。大鍋で作ったスープの味を確認したいとします。全数調査は全部飲み干す調査です。抽出調査はスプーンで一口分だけ確認する方法に当たります。

　全数調査には莫大なコストがかかるので抽出調査を行うことが一般的です。原理的に母集団の全要素を調査することができないこともあります。例えば気温のように観測対象が連続系の場合には、データ化するにあたって標本化（1日1回、1時間に1回の測定）が行われます。

12.2.2　調査対象に偏りはないか

　スープの味見をスプーンで一口分だけ確認する場合、たまたまスプーンで味見したところだけが味が濃いかもしれません。スプーンで味見した一口分が大鍋を代表しているためには、味見する前によくかき混ぜる必要があります。すなわち、抽出調査の場合には抽出されたデータが全体の傾向を反映するようにしなければなりません。これは意外と難しい問題です。

　例えば国民が1日平均どのくらいスマートフォンを使用しているか調査したいとします。実際に全国民にアンケートを取るのが全数調査です。これは大変です。抽出調査では、ある一定の人数、例えば1万人の調査で全体の傾向を推測します。では、この調査対象の1万人をどうやって選べばいいでしょうか。

　インターネットを用いたアンケート調査の場合、デジタル機器に慣れ親しんでいないお年寄りが排除されてしまう恐れがあります。インターネットを利用していない人も対象とするために、各家庭を訪問して聞き取り調査をすべきでしょうか？その場合、訪問する家庭はどうやって選べば良いでしょう？日中訪問するとしたら、お昼に在宅している人たちに偏りはないでしょうか？一人暮らしの大学生は昼間在宅しているでしょうか？このように「国民全体を代表する部分集合」を適切に抜き出すのは、意外と難しいのです。

12.2.3　設問や選択肢は適切か

　処理対象のデータ収集方法がアンケート調査の場合には、アンケート主催者の設定した設問に対して選択肢や自由記述で回答することが一般的です。このとき設問の聞き方や選択肢の提示の仕方によって、回答が誘導されてしまう危険性があります。

　あるテーマについて賛否を問うアンケートの場合、直前に肯定的な説明をすると「賛同する回答」に、否定的な説明をすると「否定的な回答」になる傾向があります。もともと明確に賛成／反対の意見を持っている回答者は影響を受けませんが、特に明確な意見をもたない回答者層は、主催者の意図に沿った回答に誘導される可能性があります。

　また投票などで「適任と思う方 1 名を選んでください」という設問の選択肢として、候補者が順に並んでいる場合があります。このとき、どの候補者もよく知らない投票者はとりあえず最初の人を選びがちである、という調査結果があります。投票所の記入台のところに候補者名簿が貼られていることがありますが、とりあえず最初の人の名前を書いていたりはしませんか？こういった偏りを少しでもなくすために、インターネット投票システムの中には候補者の表示順をランダムに変更するものがあります。

12.2.4　外れ値と異常値の扱い

　データを収集しても、そのまま利用できるわけではありません。そのままデータ分析を行うと結果を大きくゆがめる危険性がある異常値や欠損値を適切に取り扱う必要があります。統計データを集める場合、作業者は何らかの主張（仮説）を持っていて、その裏付けを取ろうとしている場合が多いでしょう。そのため、自分の主張に都合のいいデータを選択し、都合の悪いものは排除しがちです。仮説に反するデータが出たときに、「これは例外！」としてそのデータを排除してしまってよいのでしょうか。

　「外れ値」とは、他のデータからみて、極端に大きな値、または極端に小さな値のことです。外れ値であるかどうかの判定は主観的に行うのではなく、四分位範囲などを利用して行うのが一般的です。外れ値だからといって、分析する際に除外してしまうのではなく、外れ値が発生した原因を考察する必要があります。

　外れ値のなかで、測定のミスや、データの入力ミスなど、原因が明らかにわかっているものを「異常値」と呼びます。例えば、男性を「0」、女性を「1」で入力するアンケート調査に対して「2」が入力されていた場合や、身長測定をしたデータの中に 16705cm という記録がある場合などです。このように明らかに異常値といえるものは除外できます。なお「0」の代わりに「O」と入力されていたなど、間違え方が明らかで「正しい元データ」に戻せる場合には、修正してもかまいません。

　繰り返しますが、異常値ではない外れ値を取り除いてはいけません。見落としている大事な要因があるかも知れず、それを解明することが新しい知見につながるかも知れないからです。

12.2.5　欠損値

　「欠損値」とは、そのデータが存在していないことです。測定機器の故障、アンケートへの未回答など、評価対象者の欠席など、欠損値は生じる原因は様々です。

　データセットの中で欠損値が存在する場合、データ処理が破綻することがあります。この場合には分析の用途に合わせてデータを整形しなければなりません。欠損値がある場合の前処理には以下のようなものがあります。

- 欠損値を含むデータの組を削除する
- 処理できるように、平均値、中央値、最頻値などを代入する

- 処理できるように、回帰分析を利用して求めた値を代入する

データの結果を可視化するときには、データが欠損していることを示すことが重要です。そのためには欠損値があった箇所は覚えておき、データの提示手法に応じて「データがないこと」「ダミー値で調整してあること」などを適切に示します。

12.3　データの持ち方と再利用性

収集したデータは、再利用しやすい形で管理することが重要です。例えば、各都道府県の人口（男女別）のデータを集めたときに、それを図 12.3.1 のように加工してしまうケースが多々見受けられます。このようなことをしてしまう理由としては、

- 地理的な位置関係に応じて並べたい
- 印刷したときに A4 判 1 枚に収まるようにレイアウトしたい
- 様々な情報を全部みえるようにしておきたい

など、「見せ方」に関する考えが紛れ込んでいます。

このような加工された形でデータを持ってしまうと、「宮城県の男性の人数を取り出したい」「女性の総人口を求めたい」と思っても機械的に処理することができません。つまり再利用が難しくなってしまうのです。

再利用がしやすいデータの持ち方とは、図 12.3.2 のように整理しておくことです。1 行を 1 都道府県にし、横方向にその都道府県のデータを並べます。このとき「男女の合計」のように他の情報から計算できるものは含めないようにします。一番上には各列が何なのかを表す「見出し行」をつけます。また、一番左の列に「ID」列をつけます。実際にデータ処理でこの欄を使うことがなかったとしても、このような 1 行を識別できる列を設けておくことは重要です。

このような形式にすると 1 行がものすごく長くなりがちで、「（人が見たときに）見にくい」と言われることがあります。しかし、それでいいのです。「データが利活用しやすい」ために重要なことは、人が見やすいように持つのではなく、機械が処理しやすい形で元データを持つことです。人が見やすいように加工する作業は、可視化処理で行えばいいのです。

図 12.3.1　利用しにくいデータの持ち方

ID	地方区分	都道府県名	男-人口(人)	女-人口(人)
1	北海道	北海道	2430979	2708934
2	東北	青森県	581216	644281
3	東北	岩手県	574336	615334
4	東北	宮城県	1101028	1156444
5	東北	秋田県	445216	495805
6	東北	山形県	505038	537358
7	東北	福島県	894008	924573
8	関東	茨城県	1444968	1434840
9	関東	栃木県	965101	964333
10	関東	群馬県	957731	973245
11	関東	埼玉県	3683336	3697699
12	関東	千葉県	3142249	3167826
13	関東	東京都	6797186	7044479
14	関東	神奈川県	4585230	4626773
15	中部	新潟県	1052557	1111351
16	中部	富山県	500538	527902

図 12.3.2　利用しやすいデータの持ち方

　図 12.3.2 のように管理されていれば、簡単に Excel に読み込んでデータの抽出や並べ替えを行うことができます。詳しい操作方法は説明しませんが Excel のフィルター機能を使用すると、見出し行のところに▼ボタンが現れ、ここからその見出し項目を使ったデータ抽出や並べ替えができます。図 12.3.3 は女性の人口が昇順になるように並べ替えたところです。地方区分の列を使えば「中部地方を抽出」することもできます。もとの順番や状態に戻すには、抽出条件を解除し、左端の ID 欄で昇順に並べ替えます。

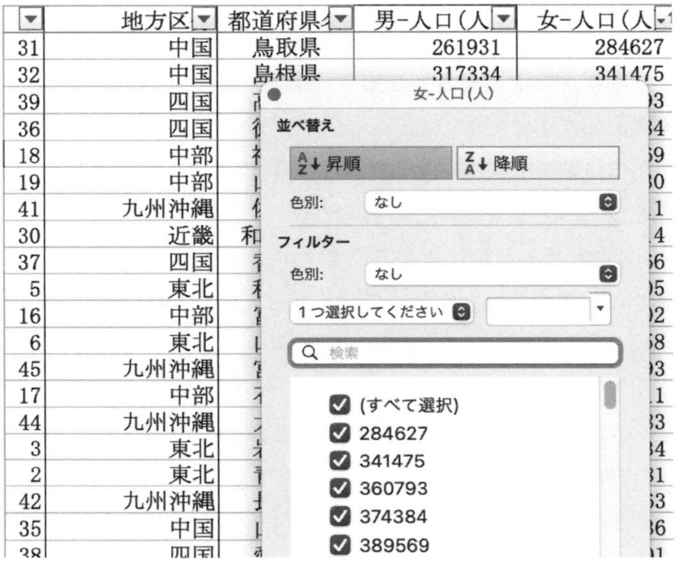

図 12.3.3　Excel のフィルター機能を利用した抽出・並べ替え

オープンデータ評価指標「5 Star Open Data」

　オープンデータ評価指標は、オープンデータの公開度（活用のしやすさ）を 5 段階（5 つ星）で表したものです。画像や PDF は機械的にデータを取り出すのが困難です。XLSX は Excel を使わないとアクセスできないので、単なるテキスト形式である CSV よりも評価が下になります。

レベル	データの公開形式	例
☆	オープンライセンス	JPG, PDF
☆☆	機械処理可能な構造化されたデータ	XLSX
☆☆☆	オープンに利用できるフォーマット	CSV
☆☆☆☆	Web 標準のフォーマット	RDF
☆☆☆☆☆	他のデータソースへのリンクを含む形式	LOD

12.4 データベース

データベースはデータを整理して集積し、検索・活用を容易にするための仕組みです。顧客情報の管理、図書情報の管理、検索エンジンなど、大規模なデータを取り扱うシステムでは必ず使われていると言っていいでしょう。データベースの強みは、(1) 多数の同時アクセスに対して効率よく処理ができる点と (2) データ更新が重なってもデータの整合性を保つことができる点です。

データベースには様々な種類がありますが、とりわけ歴史が長いのは「リレーショナルデータベース（Relational Database; RDB）」と呼ばれるもので、「2次元の表形式で表現される」ことと「複数の表を連携させてデータを検索したり取り出すことができる」点が特徴です。一つ一つの表が、前節で説明した「利用しやすいデータ」の形になっているのがわかるでしょうか。

学生の履修情報の表

学生番号	氏　名	授業コード
B1311A	鈴木太郎	MS1209
A1209B	山田花子	KS4001
A1209B	山田花子	MS1209

開講科目の表

授業コード	授業名	担当教官	時期
KS4001	情報処理	新島直樹	通年
KS3333	ロシア文学	西木真理	通年
MS1209	材料力学	田中まりえ	前期
MA2003	統計入門	坂本雄二	前期

図 12.4.4　リレーショナルデータベースの例

データベースでは、格納されているデータ間の整合性がなくなることを何よりも嫌います。データの検索・活用を容易にするためには、どのようなデータを格納するのか、どのような操作が将来考えられるのかなどを考慮しながら、データの格納方法を設計します。特に以下のルールは、データの更新があったときに整合性を維持するために重要です。

- 一つのデータは表の1行にする
- 一つの欄には複数の情報を混ぜない
- 同じ情報を複数入れない

みなさんがデータベースの設計をすることはほとんどないと思いますが、Excel などでデータ管理をするときであっても上記の考え方は当てはまります。上記の点を意識してデータの持ち方、すなわちデータフォーマットを工夫しておけば、利用や加工が格段にしやすくなります。データフォーマットさえ固まればプログラムで自動処理させることも簡単です。逆に言えば、データフォーマットがコロコロ変わってしまうと、その度にプログラムを直さなければならなくなります。データフォーマットを決めるときには、長期間フォーマットを変更せずに済むよう、どのような情報を含めておく必要があるのか、よく事前によく検討しておきましょう。

12.5　演習問題

演習 1.　CSV 形式で公開されているデータを表計算ソフトに取り込んでみましょう。うまく扱えないところはありませんでしたか。

演習 2.　Excel で整理しているデータを他のシステムに渡したいときがあります。CSV 形式に変換して出力してみましょう。CSV に変換したとき、データの意味が理解できる形で出力されましたか？

演習 3.　国民の意識調査を行うときに使用する方法として、「RDD 方式による電話調査」があります。どのような方法か、調べてみましょう。

演習 4.　スマートフォンの普及率を調査するために、アンケートを取ることにしました。Web アンケートシステムを利用することにしました。この収集方法が適切か否か考えてみましょう。

演習 5.　バラエティ番組で、平日の繁華街の通行人 100 人に好きな店をインタビューして、「最も美味しいお店トップ 10」を発表しているとします。このランキングの結果は妥当と言えるでしょうか。

演習 6.　省庁が発表する統計データを「政府統計」といいます。政府が公開しているので信頼できると考えますか？それとも、官僚が作成するので、政策の実行に都合が悪い部分はうまくごまかしていると考えますか？

演習 7.　大手メディアが報道する政権支持率は、結構ばらつきがあります。このばらつきはどこから生じるのか、考えてみましょう。

演習 8.　広告などである商品を「ランキング 1 位！」とアピールすることはよく行われています。特定の商品が 1 位になるようなアンケート調査が作り出すことができるといわれています。どのような手法なのか調べてみましょう。

第 13 章

表計算ソフト

　表計算ソフト（Spread Sheet）とは、縦横のマス目に区切られた表の上でデータ処理を行うためのツールです。Excel（エクセル）は Microsoft Office の中の表計算ソフトです。Excel には、表計算機能、グラフ機能、データベース機能など多くの機能がありますが、特によく利用されるのは表計算機能とグラフ機能です。また計算を伴わなくとも表形式でまとめた方が見やすい文書を作るときにも用いられます。

13.1　表計算機能

　表計算の画面は「セル」と呼ばれる、縦横に区切られたマス目で構成されています。個々のセルは、B5 のように横方向の列名と縦方向の行の番号で指定します。表計算の画面は紙をイメージしたものではないので、右端や下端はどこまでも（もちろん限界はありますが）広がっています。列名は Z の後は AA、ZZ の後は AAA のように桁数が増えていきます。

　文書作成ソフトやプレゼンテーションソフトに比べて、表計算ソフトを難しいと感じる人が多いようです。これは、表計算ソフトでは「セルに実際に格納されているもの」と「見た目」の二重構造になっており、直感的にわかりにくいのだと思われます。

	A	B	C	D	E	F	G
1	部品名	税抜き単価	個数	金額（税抜き）	金額(税込)		
2	にんじん	100	4				
3	玉ねぎ	200	3				
4	じゃがいも	300	2				
5	牛肉	400	6				
6	カレー粉	500	4				
7							

図 13.1.1　データの格納と表示

　図 13.1.1 をみてみましょう。この図ではセル内に表示されているものは、すべて表示されている通りのものがセルに格納されています。つまりセル A3 には「玉ねぎ」、セル B6 には「500」

と格納されています。ここで「500」は半角の数字で入れることに気をつけましょう。全角文字の「５００」では数値として取り扱われません。

さて D の列には金額（税抜き）を求めたいとします。例えばセル D2 には単価 100 に個数 4 を掛けた 400 という値を入れたいわけです。ここで人間が計算してその結果の 400 という値を格納するのではなく、「=B2*C2」という式を格納します。そうするとセル B2 とセル C2 の値を掛けた結果である 400 が表示されることになります。

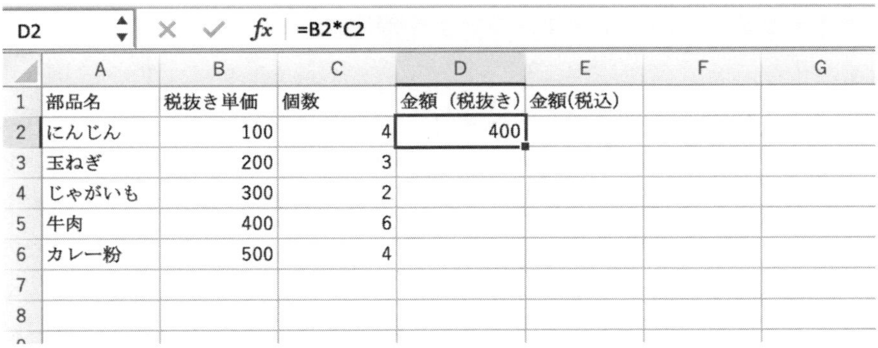

図 13.1.2　式の格納と表示

図 13.1.2 をみてみましょう。セル D2 をみると画面上では 400 と表示されていますが、格納されているのは「=B2*C2」という計算式です。上の方に格納された式が表示されているのがわかりますか？セル D2 をさらにクリックすると図 13.1.3 のようになり、計算式がどこを参照しているのかわかりやすく表示してくれます。

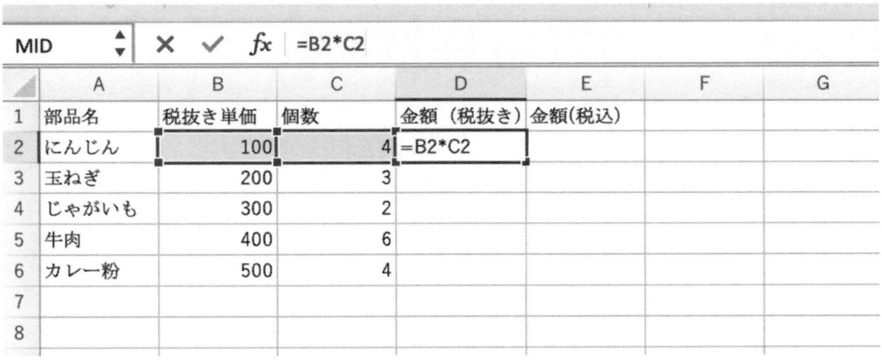

図 13.1.3　式中の参照位置の表示

入力されたものが「=」で始まると計算式とみなされます。このようにセルに式を入れておくと、個数や単価が変更したときに**自動的に再計算が行われます**。これが表計算ソフトの利点です。ちなみに乗除はそれぞれ*と/を使います。「×」や「÷」ではありません。

13.1.1 オートフィル

さてセル D3 やセル D4 にも同様に金額を求めたいとします。格納したい式はそれぞれ

　　　セル D3 の式としては「=B3*C3」

　　　セル D4 の式としては「=B4*C4」

です。これらの式を一つ一つキーボードから入力してもいいのですが、さすがに行数が多くなると大変です。

　こういうときに利用できるのが**オートフィル（auto-fill）機能**です。セル D2 を選択するとセルの右下に黒い小さな四角（オートフィルハンドル）が現れます。この四角をポイントするとポインタの形が十字型に変わるので、これを下方向にドラッグしてみましょう。そうするとセル D2 に格納されているデータがセル D3 やセル D4 に "コピー" されます。ただし単なるコピーではありません。表計算ソフトはデータに応じて様々な変形を施します。図 13.1.4 に様々なオートフィルの例を示します。コピー元のセルに値が格納されている場合には基本的には同じ値が格納されますが、Ctrl キーを押しながら同じ処理をすると連番にすることができます。最初に複数のセルを選択しておくと また違う動きになります。いろいろ試してみましょう。

	A	B	C	D	E	F	G	H
1		そのまま		alt(mac)	そのまま		alt+cmd(mac)	
2				ctrl(win)			ctrl(win)	
3	コピー元のセル	1		1		1		1
4		1		2		3		3
5		1		3		5		1
6		1		4		7		3
7		1		5		9		1
8		1		6		11		3
9		1		7		13		1
10								

図 13.1.4　オートフィルを利用した連続データの入力

　コピー元のセルに格納されているのが式の場合には その式がコピーされますが、このときにも**参照先のセルが変化する**変形が加えられます。さきほどのセル D2 を選択し、オートフィルハンドルを下にドラッグすると、図 13.1.5 のようになります。セル D3 の表示は「600」ですがセル D3 を選択してみると、格納されているのは「=B3*C3」であることが確認できます。つまりセル D2 に格納されている式から変化していることがわかります。これは式が入力されているセルと その式が参照する先のセルの**相対的な位置関係が維持される**ように式が変形されているのです。そのままオートフィルハンドルをセル D6 まで引っぱってしまいましょう。

　オートフィルは縦方向だけでなく横方向にも行うことができます。その場合、式中のセル名の行番号の方ではなく列番号の方が変化します。

D2	⏶⏷	✕ ✓	f_x	=B2*C2		

	A	B	C	D	E	F	G
1	部品名	税抜き単価	個数	金額（税抜き）	金額(税込)		
2	にんじん	100	4	400			
3	玉ねぎ	200	3	600			
4	じゃがいも	300	2				
5	牛肉	400	6				
6	カレー粉	500	4				
7							
8							

図 13.1.5　オートフィル後

13.1.2　相対参照と絶対参照

次に、セル E2 に税込の価格を求めたいとします。税率をとりあえず 8％とすると税込の計算式は「=D2*1.08」となりますが、後から税率が変わっても対処できるように、税率の「8」を別のセル B10 に格納しておくことにしましょう。そうすると、セル E2 に格納する計算式は「=D2*(1+B10/100)」となりますね。

E2	⏶⏷	✕ ✓	f_x	=D2*(1+B10/100)		

	A	B	C	D	E	F	G
1	部品名	税抜き単価	個数	金額（税抜き）	金額(税込)		
2	にんじん	100	4	400	432		
3	玉ねぎ	200	3	600			
4	じゃがいも	300	2	600			
5	牛肉	400	6	2400			
6	カレー粉	500	4	2000			
7							
8							
9							
10	税率	8					
11							

図 13.1.6　相対参照のセル指定を使った式

ところがこの式をオートフィルで下方向にコピーすると、図 13.1.7 に示すように計算がおかしくなります。

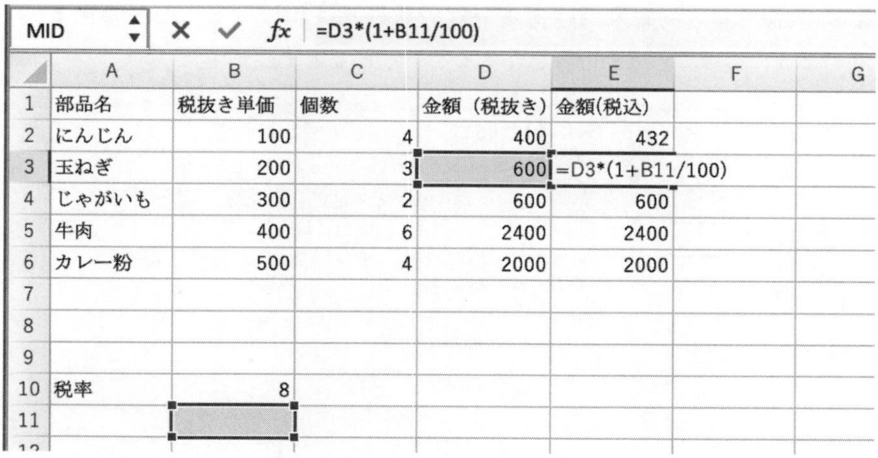

図 **13.1.7** 相対参照のセル指定を使った式で **auto-fill** すると参照位置がずれる

式のコピーの際にセル B10 への参照は変化して欲しくないわけです。式をオートフィルする際にセルの参照先が変化しないようにするには、「B10」ではなく「$B$10」のように、列名や行番号の前に$記号をつけます。つまりセル E2 に格納する計算式を「=D2*(1+$B$10/100)」とします。

この式を先ほどと同じように下方向にオートフィルしてみると、セル E3 に格納される計算式は「=D3*(1+$B$10/100)」となり、所望の結果になっていることがわかります。

図 **13.1.8** 絶対参照のセル指定を使うと **auto-flil** でずれなくなる

このように、セルの参照先が変化しないように$をつけて指定する方法を**絶対参照**と呼びます。

　絶対参照の$記号は、列番号だけあるいは行番号だけにつけることができます。例えば図 13.1.9 のように掛け算の九九の表を作ることを考えて見ましょう。

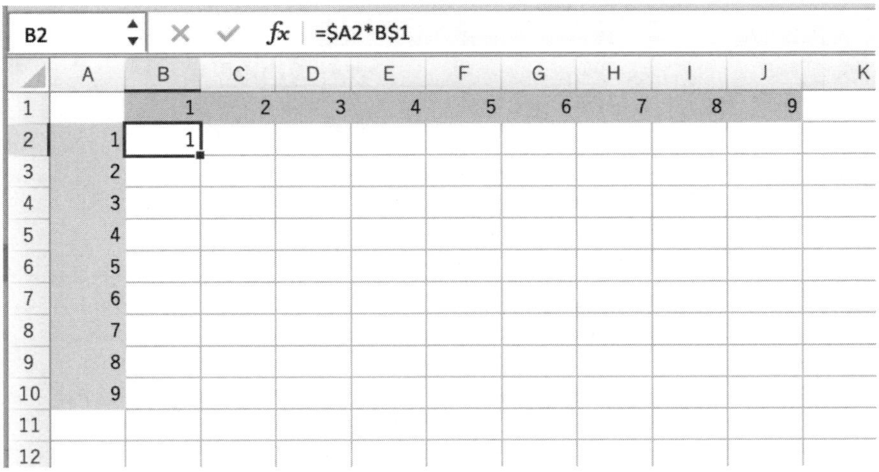

図 13.1.9　九九の表を作る

　セル B2 に格納されている式は「=$A2*B$1」で、参照先は色がついている部分になります。この式を横方向にコピーすると列名である「A」や「B」の部分が変化しようとするのですが、$A2 のほうは$で固定されているため変化せず、結果として「=$A2*B$1」「=$A2*C$1」「=$A2*D$1」のように変化することになります。

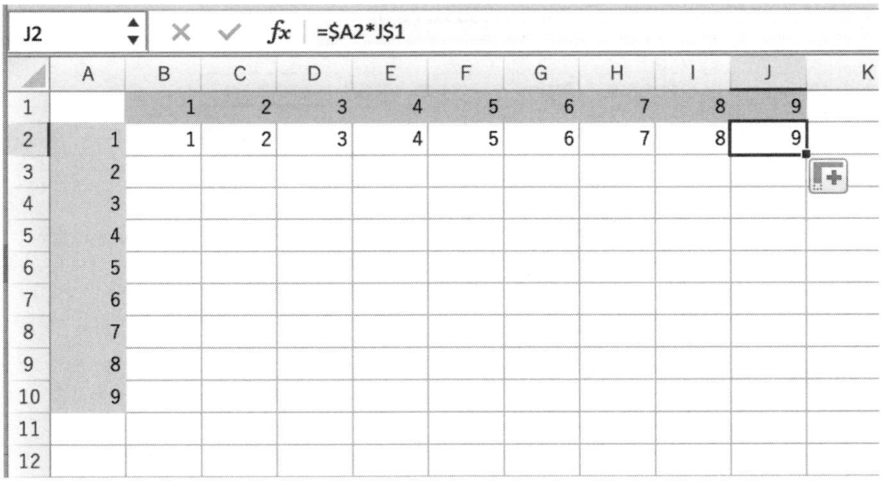

図 13.1.10　横方向のオートフィル後

　一方、この式を縦方向にコピーすると行番号である「2」や「1」の部分が変化しようとしますが、B$1 のほうは$で固定されているため、「=$A3*B$1」「=$A4*B$1」「=$A5*B$1」のように変化することになります。

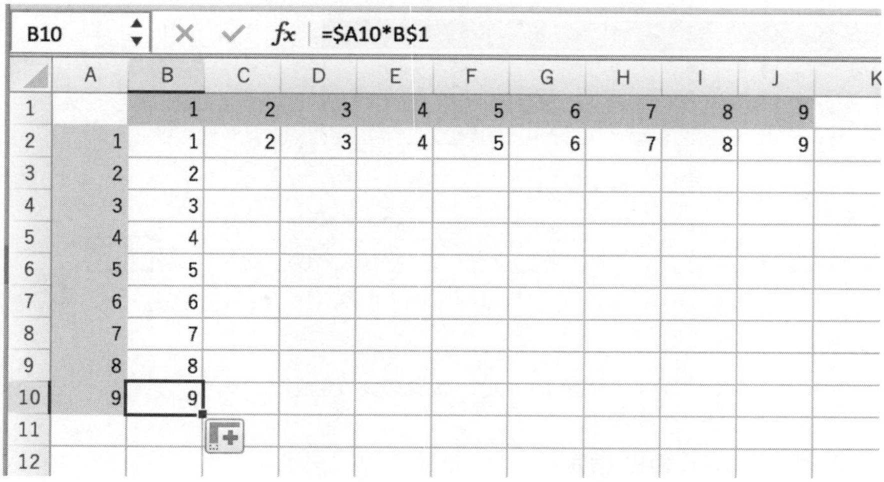

図 13.1.11　縦方向のオートフィル後

　セル B2 の式を下まで伸ばし、それらの式をさらにまとめて右方向に伸ばすと、81 マスすべてを一気に埋めることができます。

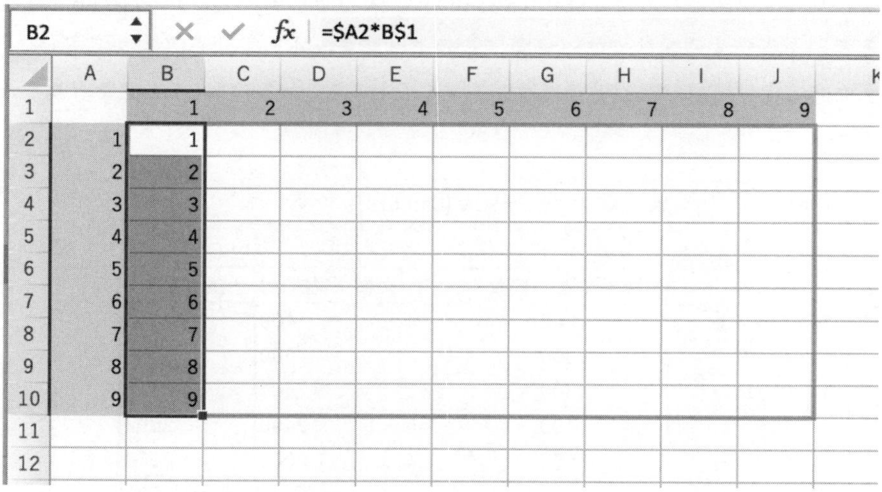

図 13.1.12　複数セルをまとめて横方向にオートフィル

| J10 | ▲▼ | ✕ | ✓ | *fx* | =$A10*J$1 |

	A	B	C	D	E	F	G	H	I	J	K
1		1	2	3	4	5	6	7	8	9	
2	1	1	2	3	4	5	6	7	8	9	
3	2	2	4	6	8	10	12	14	16	18	
4	3	3	6	9	12	15	18	21	24	27	
5	4	4	8	12	16	20	24	28	32	36	
6	5	5	10	15	20	25	30	35	40	45	
7	6	6	12	18	24	30	36	42	48	54	
8	7	7	14	21	28	35	42	49	56	63	
9	8	8	16	24	32	40	48	56	64	72	
10	9	9	18	27	36	45	54	63	72	81	
11											
12											

図 13.1.13　九九の表の完成

13.2　関数とセルの範囲指定

　図 13.2.14 を見てください。ここでは、税込み金額の合計金額をセル E7 に求めたいとします。ここで、セル E7 に入力する式は「=E2+E3+E4+E5+E6」でいいのですが、式も長く間違えやすいです。よくある計算は、あらかじめ登録されている関数を使うと簡単に表現することができます。ここではセル E2 からセル E6 までのセルの総和を求めたいので、SUM という関数を使います。具体的な式としては「=SUM(E2:E6)」と入力します。ここで「E2:E6」は複数セルからなる範囲を指定する記法です。実際にこのようにキーボードから入力してもいいですし、範囲が画面内で十分視認できる場合にはポインタでセル E2 からセル E6 までなぞって入力することもできます。

| MID | ▲▼ | ✕ | ✓ | *fx* | =SUM(E2:E6) |

	A	B	C	D	E	F
1	部品名	税抜き単価	個数	金額（税抜き）	金額（税込）	
2	にんじん	100	4	400	432	
3	玉ねぎ	200	3	600	648	
4	じゃがいも	300	2	600	648	
5	牛肉	400	6	2400	2592	
6	カレー粉	500	4	2000	2160	
7					=SUM(E2:E6)	
8						
9						
10	税率	8				
11						

図 13.2.14　SUM 関数

　表計算ソフトには SUM のような関数がたくさんあります。すべてを覚えようとする必要はありません。自分の目的にあった関数がないか、その都度検索しながら使っていけばいいでしょう。本章では、書き方が少し分かりにくい「IF 関数」と「VLOOKUP 関数」を紹介します。

13.2.1　IF 関数

　IF 関数は、条件によって結果を変えたいときに使用する関数です。図 13.2.15 に示すように、IF 関数には 3 つのパラメータを渡します。このうち 2 つ目と 3 つ目は関数の結果として欲しいものを記載します。中学や高校の数学で習う関数とは少し性格が違います。

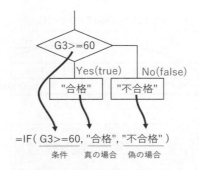

図 13.2.15　IF 関数の基本形

　複数の場合分けを行いたいときには IF 関数を入れ子にして使います。例えば図 13.2.16 の例では、セル G3 にテストの結果（100 点満点）が入っているときに、

　　80 点以上 100 点以下なら「A」、70 点以上 80 未満なら「B」、

　　60 点以上 70 点未満なら「C」、60 点未満なら「D」

と表示する式を作っています。

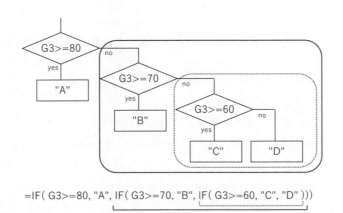

図 13.2.16　入れ子になった IF 関数で複数の場合分けにも対応できる

　一見複雑ですが、「偽の場合」のところに IF 関数が入れ子状に含まれている形であることが
わかります。この入れ子の IF の形の処理は非常に多いので、もっと簡単に書ける IFS 関数が
後から追加されました。

13.2.2　VLOOKUP 関数

　VLOOKUP 関数は簡易的なデータベースとして使える関数です。図 13.2.17 に使用例を示します。
このシートでは利用者がセル B3 に ID 番号を入力すると、その ID の人のデータが元データの
ところから検索され、セル C3 からセル G3 に表示されます。

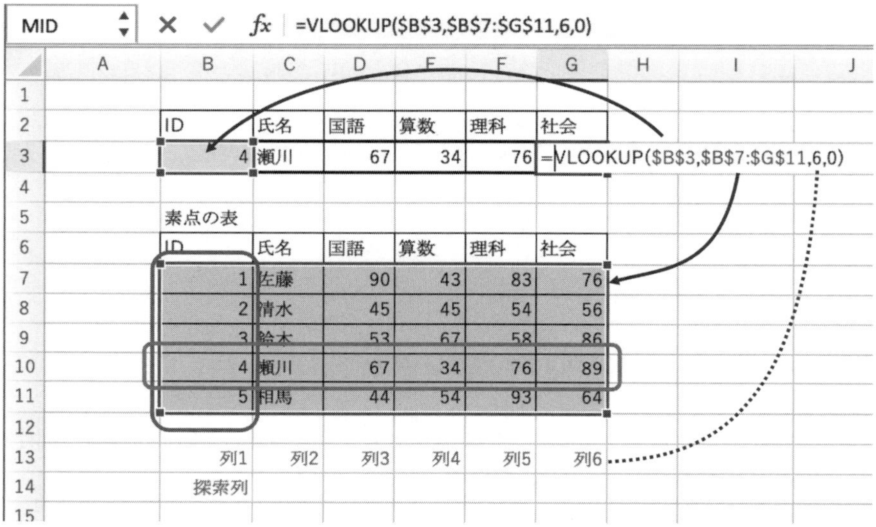

図 13.2.17　VLOOKUP の使用例

　VLOOKUP 関数は以下のように 4 つのパラメータをとります。

> VLOOKUP(探したいデータ，探索と取り出すデータがある範囲，取り出したい列番号，0)

　図 13.2.17 ではセル G3 の式が見える状態で示しています。今回は

- 「探したいデータ」はセル $B$3
- 「探索と取り出すデータがある範囲」は $B$7:$G$11 [1]

となります。値の探索が行われるのは指定した範囲の左端の列、すなわちセル $B$7 からセ
ル $B$11 の範囲だけです。

　第 3 パラメータに取り出したい列番号を指定します。

- セル G3 では社会の点を取り出したいので、「取り出したい列番号」は 6

となります。

---

[1] 元データはセル B6 からセル G11 の範囲に格納されていますが、6 行目はラベルなので実質的なデータはセル B7
からセル G11 の範囲です。

　第4パラメータは、探索データが見つからなかったときの振る舞いを決めるもので、ここでは正直に「見つからなかった」となるように「0」を指定しています。

　セル C3 からセル G3 のいずれにも VLOOKUP 関数を使った式を入力するのですが、「取り出したい列番号」だけが異なります。これは式をコピーすれば入力が楽になりそうです。図 13.2.17 で第1パラメータや第2パラメータが絶対参照形式になっているのは、式をコピーしたときに参照位置がずれないようにするためだったのです。なおオートフィルでコピーしても「取り出したい列番号」は（セルへの参照ではないので）残念ながら自動的に変化しません。式をコピーした後に手動で修正する必要があります。それでも全部の式を手で入力するよりははるかに楽です。

13.3　表で管理する文書

　表計算ソフトは計算式を利用した自動再計算機能がいちばんの強みですが、表形式で管理する目的にも向いています。例えば図 13.3.18 は、インシデントの発生状況を表計算ソフトで管理している様子です。この文書は紙に印刷することは目的ではなく、1行1インシデントという形でまとめることによってインシデントの発生状況を統計的に分析しやすいようにしています。表計算ソフトのシートをデータベースのように使っているといえます。

	A	B	C	D	E	F	G	H
1	管理番号	タイプ	内容	通報日時	発見者	深刻度	ステータス	完了日
2	1	マルウェア感染	123.45.67.89がTrojanZに感染	2019/10/11	外部指摘	A	完了	2019/10/12
3	2	マルウェア感染	123.45.45.32がTrojanBに感染	2019/10/13	対策ソフト	B	駆除中	
4	3	HP改ざん	http://www.example.com/hoge/sample.html にアダルトサイトへのリンク埋め込み	2019/11/2	外部指摘	C	連絡中	
5	4	マルウェア感染	123.45.45.89がTrojanZに感染	2019/11/4	対策ソフト	A	完了	2019/11/5
6	5	フィッシング	フィッシング詐欺メールのリンクをクリックしてしまい、IDとパスワードを入力した	2019/11/5	自己申告	A	完了	2019/11/5
7	6							

図 13.3.18　Excel を表形式の文書として使う

― Excel の計算結果を電卓で検算？ ―

　「いままで電卓をいちいち叩いていた業務を Excel を使って効率化したら、Excel の計算結果を電卓で検算させられた」という話が時々ネットに載ります。大抵は「情弱な上司／会社」という話です。

　Excel では普段表示されているのは計算結果の値だけで、格納されている計算式は見えていない、という特徴があります。そのため計算式が間違っていてもそのことに気付きにくいという側面は否定できません。もしかすると検算を指示した上司は、結果を一目見ただけで計算式が間違っていることを看破したのかも知れません。

— ワープロがわりの Excel？ —

　申請書のような文書を作る場合、海外では、記入欄が下線で示されているだけの通常の文書であることが多いのですが、どういうわけか日本では全体が大小様々な欄に区切られた文書をつくる傾向があります。

　このような様々な大きさの枠がある文書は Word では非常に作りにくいため、Excel のセルの枠線を駆使して作成する妙な文化が生まれてしまいました。記入欄がセル結合で1つのセルになっていればまだマシな方で、元の複数のセルのままになっていることもあります。このような Excel の使い方は、紙に印刷することだけを考えた使い方です。

　ペーパーレス化として、こういったファイルで情報を管理しようとすると大変です。セルがバラバラな記入欄には文字を簡単に入力することができませんし、また各欄に入力されたデータを抽出したいと思っても簡単ではありません。電子的なファイルであることによって本来もたらされるはずの「編集しやすい」「再利用しやすい」といったメリットが活用できないのです。こういったファイルによる業務の非効率化の問題を取り上げた“「ネ申エクセル」問題”[44] は一読の価値があります。

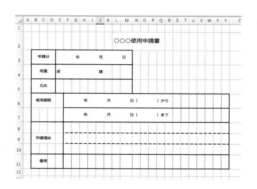

図 13.3.19　日本でよく見られる Excel で作成された申請書と外国の申請書

13.4 演習問題

演習 1. 九九の表を自分で作成してみましょう。

演習 2. 様々なデータに対してオートフィルの機能を試してみましょう。数値だけでなく、日付などでも使用できることがあります。

演習 3. 式に対してオートフィルの機能を試してみましょう。セルの参照位置が変化するのを確認してください。

演習 4. IF 関数の入れ子で作成された 13.2.1 節の例題を、IFS 関数を使って書き直してみましょう。

演習 5. バイト収入のうち一定額を貯金する計画を Excel で作成することにしました。A 列には各月の月数（1 から 12）、B 列には毎月の収入、C 列には貯金する金額、D 列には貯金額（累計額）を求めることにします。貯金に回す金額は 1 月は 1000 円、2 月以降は 500 円ずつ増やすことにします。オートフィル機能を活用して以下のようにセルを埋めてください。

- セル A1, セル B1, セル C1 にそれぞれ見出しを入れてください。
- セル A2 セル A13 に月数を入れてください。
- セル B2〜セル B13 ひと月のバイト収入として 30000 を入れてください。
- セル C3〜セル B13 に各月の貯金額を計算してください。
- セル D2〜セル D13 に貯金の累計額を求めてください。

演習 6. 田中君たち 6 人はレストランで食事をしました。メニューと注文内容を以下のようにシートにまとめました。VLOOKUP 関数を用いて、セル C3〜セル C8 に各人の支払い金額を求めてください。セル C4 以降をオートフィルで入力するには、セル C3 に入力する式をどのように構成したらよいでしょうか。

	A	B	C	D	E	F	G
1	注文					メニュー	
2	名前	料理	支払い金額（円）			料理名	金額（円）
3	田中	寿司				ハンバーガー	1200
4	鈴木	パスタ				ピザ	1500
5	秋葉	ピザ				パスタ	1800
6	佐藤	ハンバーガー				寿司	2000
7	栗山	パスタ					
8	篠崎	寿司					
9							

第 14 章

基本的な統計処理

　データサイエンスでは処理対象となる元のデータセットは数値や文字列で与えられることがほとんどですが、多量のデータの羅列をみても全体の傾向を理解することは困難です。そこで、一般に、データセットの特徴を表す**統計量**といわれる数値に変換して表したり、グラフを使って可視化を行ったりします。ここでは基本的な統計量について取り上げます。

　基本的な統計処理としては、順位づけ、度数の集計、最小値、最大値、平均値、中央値などがあります。またデータセットの傾向を見るための統計量としては、分散、標準偏差、相関係数などがあります。以降では基礎的な統計処理と統計量について説明します。

14.1　順位

　アンケートなどで数値データを収集した場合によくある処理が順位づけ、すなわちランキングです。図 14.1.1 をみてみましょう。これは 10 名の生徒の 4 科目の試験結果を集計しているところです。素点はセル C2 からセル F11 に格納されています。G 列には SUM 関数を用いて 4 科目の合計点を求めました。

H2		f_x	=RANK(G2,$G$2:$G$11)				
	A	B	C	D	E	F	G	H
1	ID	氏名	国語	算数	理科	社会	合計	順位
2	1	佐藤	44	54	93	64	255	5
3	2	清水	32	45	54	56	187	10
4	3	鈴木	53	67	58	86	264	2
5	4	瀬川	64	34	76	90	264	2
6	5	相馬	90	43	83	76	292	1
7	6	田中	54	48	63	58	223	7
8	7	千葉	94	45	39	45	223	7
9	8	築地	34	54	69	48	205	9
10	9	寺本	76	45	83	49	253	6
11	10	登坂	71	75	78	40	264	2
12								

図 14.1.1　合計点と順位づけ

　この合計点に基づき、H 列にその学生の順位を付けたいとします。

　順位をつける一つの方法は、合計点が大きい順に並べ替え、上位から順に 1,2,3, と番号を振る方法です。並べ替えるときには、合計点のところだけを入れ替えるのではなく、1 行を塊にして並べ替える必要があります。Excel ではこれは「並べ替えとフィルター」機能を使うことでできます。並べ替えた後、オートフィル機能を使って 1,2,3 と通し番号を振り、ID 欄に基づいて元の順番に並べ替えれば、順位づけ終了です。

　この一連の作業は、データ数が多くなると簡単ではありません。また、よくみると合計点が同じ人がいます。合計点が同じ人には同じ順位をつけたいですよね。合計点が同じかどうかを確認しながら通し番号を振るのは大変です。

　この順位づけを行ってくれるのが RANK 関数です。RANK 関数は以下のように 2〜3 個のパラメータをとります。第 3 パラメータは順位づけを昇順にするか降順にするかを指定するもので、1 ならば昇順、0 ならば降順です。省略すると降順になります。

```
=RANK(対象データ，範囲，[順序])
```

図 14.1.1 ではセル H2 の式が見えるようにしています。セル G2 に格納されている佐藤くんの得点が、全員の得点範囲セル G2 からセル G11 の範囲で何位であるかを求める形になっています。この式はオートフィルを使ってセル H3〜セル H11 にコピーしたいので、第 2 パラメータの範囲は絶対参照を用いた範囲指定になっています。

　順位づけの結果を見ると、2 位が同点で 3 名おり、7 位も 2 名いることがわかります。2 位の次の順位は 5 位になることに注意しましょう。

14.2　個数や度数

　選択式のアンケート集計作業において、ある回答をした人数を数えたいときには COUNTIF 関数を使います。COUNTIF 関数は以下のように 2 つのパラメータをとります。

```
=COUNTIF(探索範囲，条件)
```

例えば「セル A1 からセル C10 のセルの中から値が 6 以上のセルの個数を数える」には、

```
=COUNTIF(A1:C10, ">=6")
```

と書きます。この「6」の部分を式中に直接書くのではなく、別のセルの値を使いたい場合には少し特殊な記法が必要になります。例えば「セル E4 の値より小さい」という条件を書くには、

```
=COUNTIF(A1:C10, "<"&E4)
```

のように「&」を用いて "<" とセル E4 の内容を結合します。なお、単に値が一致するものを探すのであれば、その値を書くだけで大丈夫です。

```
=COUNTIF(A1:C10, "猫")
```

データセットを区間（階級）に分割したとき、その区間に含まれるデータの個数を度数と呼びます。また、それぞれの区間（階級）を代表する値を**階級値**と呼びます。この度数を棒グラフとして表現したものが**度数分布図**（ヒストグラム）です。

Excel で度数を求めるのは実はあまり簡単ではありません。図 14.2.2 では、26 人分の試験の点数がセル A2 からセル A27 に格納されています。これを「0 点以上 10 点未満」「10 点以上 20 点未満」のように 10 点刻みの度数分布を求めることを考えます。最後の区間だけ変則的に「90 点以上 100 点**以下**」とします。

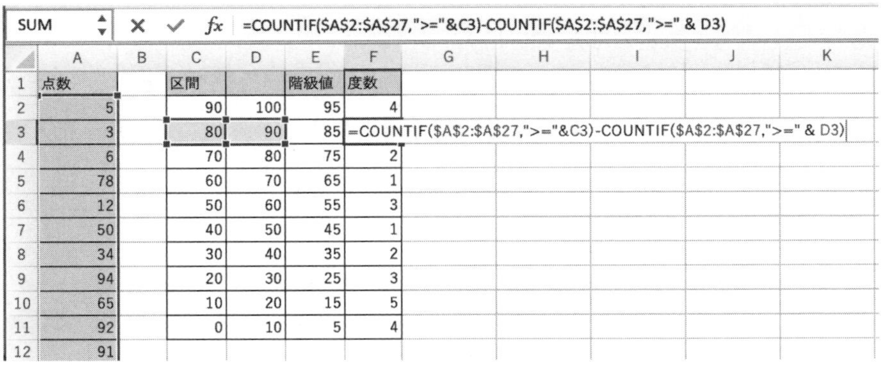

	A	B	C	D	E	F
1	点数		区間		階級値	度数
2	5		90	100	95	4
3	3		80	90	85	=COUNTIF($A$2:$A$27,">="&C3)-COUNTIF($A$2:$A$27,">=" & D3)
4	6		70	80	75	2
5	78		60	70	65	1
6	12		50	60	55	3
7	50		40	50	45	1
8	34		30	40	35	2
9	94		20	30	25	3
10	65		10	20	15	5
11	92		0	10	5	4
12	91					

図 14.2.2　度数の集計

各区間の下限と上限を D 列と E 列に配置し、階級値を F 列、度数を G 列に求めることにしましょう。階級値は下限と上限の平均を取れば良いので簡単です。度数は COUNTIF 関数を利用します。セル G4 は「90 以上」の個数を数えればいいだけなので、

```
=COUNTIF(A2:A27, ">=90")
```

で数えることができます。セル G5 は「80 以上 かつ 90 未満」の個数を数えれなければならないのですが、2 つの条件が組み合わさった形であるため、COUNTIF 関数の条件として記述することができません。そこで、欲しい結果を得るために、「80 以上の個数」から「90 以上の個数」を引く形に変形します。

```
=COUNTIF(A2:A27, ">=80") - COUNTIF(A2:A27, ">=90")
```

図 14.2.2 ではセル F6 での式を示しています。「80」や「90」といった数値はセル参照に変わっており、下方向にオートフィルしても範囲がずれないように絶対参照形式の範囲指定をしています。

```
=COUNTIF($A$2:$A$27, ">="&C6) - COUNTIF($A$2:$A$27, ">="&D6)
```

複数条件に対応した COUNTIFS 関数を使って以下のように書くこともできます。

```
=COUNTIFS($A$2:$A$27, ">="&C6, $A$2:$A$27, "<"&D6)
```

この関数は 16.1 節で説明するクロス集計で使用する関数なので、このような場面で使うとわかりにくいですね。

14.3　代表値

　データセットを表す特徴量として**代表値**が挙げられます。代表値には**最大値**、**最小値**、**平均値**、**合計**などがあります。

最大値、最小値

　データセットの数値の中で最大のものを最大値、最小のものを最小値と呼びます。数値の分布範囲があらかじめ確定していないようなデータに対して度数分布表を作成するときには、最小値・最大値を参考に区間を決めます。

平均値

　私たちがなじみのある平均値は**算術平均**と呼ばれているものです[1]。データセットに n 個の数値 $x_1, x_2, x_3, \ldots, x_n$ があるとき、その算術平均 $\bar{x}$ は

$$\bar{x} = \frac{x_1 + x_2 + x_3 + \cdots + x_n}{n} = \frac{1}{n}\sum_{i=1}^{n} x_i \tag{14.3.1}$$

で求めることができます。

　データが離散的な値 $(v_1, v_2, v_3, \ldots, v_n)$ を持ち、それぞれの値の度数 $(f_1, f_2, f_3, \ldots, f_n)$ が与えられた場合の平均値は、次の式で求めることができます。

$$\bar{x} = \frac{f_1 v_1 + f_2 v_2 + f_3 v_3 + \cdots + f_n x_n}{f_1 + f_2 + f_3 + \cdots + f_n} = \frac{\displaystyle\sum_{i=1}^{n} f_i v_i}{\displaystyle\sum_{i=1}^{n} f_i} \tag{14.3.2}$$

中央値（**Median**）

　中央値とは、データセットの数値を小さい順に並べ替えたとき、中央にくる値のことです。データの個数が奇数の場合にはちょうど中央に来る数値があるので、それが中央値です。データの個数が偶数の場合には中央に来る数値がないので、中央にある2つの数値の平均が中央値となります。

　Excel で最大値、最小値、平均値、中央値のような代表値を求めるのは、表 14.1 に示すような関数を使うだけなので簡単です。

表 14.1　代表値を求める Excel の関数

代表値	例
最大値	=MAX(A1:A10)
最小値	=MIN(A1:A10)
平均値	=AVERAGE(A1:A10)
中央値	=MEDIAN(A1:A10)

---

[1] 算術平均の他に、幾何平均や調和平均などがあります。

14.4　データの広がり

　平均値が同じ 2 つのデータ系列があったとしても、データが平均値の周りにどのように分布しているかは様々です。図 14.4.3 は全体の分布が正規分布に近く、データが平均値の周りにまとまっています。中央値も平均値とほとんどずれていません。一方図 14.4.4 は値の小さいところの度数が大きく、中央値は低いところにあります。しかし平均値は、一部の大きな値をもつデータがあるために中央値に比べると右のほうにずれた場所になります。

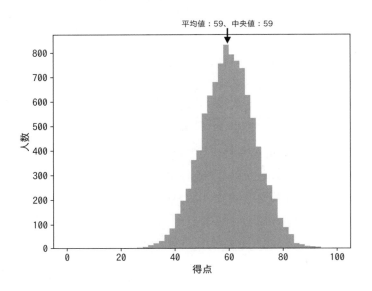

図 14.4.3　平均値と中央値が近い分布の例

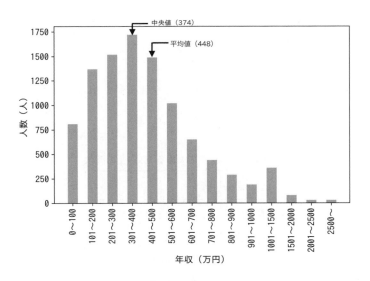

図 14.4.4　平均値と中央値がずれる分布の例

このようなデータの広がり方を表す重要となる特徴量として、**分散**と**標準偏差**があります。

分散

データがその平均値からどの程度の広がりを持っているか表す量です。データセット X に n 個の数値 $x_1, x_2, x_3, \ldots, x_n$ があるとき、その分散 S_x^2 は以下の式で表されます。ここで $\bar{x}$ は平均値を表します。

$$S_x^2 = \frac{1}{n} \sum_{i=1}^{n} (x_i - \bar{x})^2 \tag{14.4.3}$$

右の部分を考えてみると、各データと平均値の差を求め、をれを二乗することで必ず正の数になるようにしています。分散はこれらの二乗した値の平均になっています。

標準偏差

標準偏差 S_x は分散の平方根であり、次式で表されます。

$$S_x = \sqrt{S_x^2} = \sqrt{\frac{1}{n} \sum_{i=1}^{n} (x_i - \bar{x})^2} \tag{14.4.4}$$

なお、分散や標準偏差の計算で平均を求めるための係数 $\frac{1}{n}$ の部分は、対象のデータセット全部の数値を使って計算しているのか（母集団分散、母集団標準偏差）、データセット中のいくつかの標本値を使って計算しているのか（標本分散、標本標準偏差）によって変わります。標本分散や標本標準偏差の場合には係数 $\frac{1}{n}$ は $\frac{1}{n-1}$ として計算することになっています。自然界のデータを標本化してデータセットを作ったときには、真の母集団は不明なので、標本分散、標本標準偏差で計算します。

Excel で分散や標準偏差を求めるときには、母集団の全データを対する計算か、標本値に対する計算かに応じて表 14.2 に示すように異なる関数を用います。

表 14.2　分散や標準偏差を求める Excel の関数

特徴量	例	説明
標本分散	=VAR(A1:A10)	標本値による分散
母集団分散	=VARP(A1:A10)	母集団全体を対象とした分散
標本標準偏差	=STDEV(A1:A10)	標本値による標準偏差
母集団標準偏差	=STDEVP(A1:A10)	母集団全体を対象とした標準偏差

14.5　演習問題

演習 1.　次の関数の使い方を調べ、試してみましょう。

MIN, MAX, SUM, AVERAGE, COUNTA

演習 2.　りんご 100 個の重さを測定して平均を求めたところ、225g でした。このとき、以下の中で確実に正しいといえるものに○をつけてください。

1.　重さが 225g より重いりんごと軽いりんごがそれぞれ 50 個ずつある
2.　重さが 225g のりんごが最も多い
3.　りんご 100 個の重さを合計すると 22500g である。

演習 3.　算術平均以外の幾何平均、調和平均がどのようなものか調べてみましょう。

演習 4.　次のデータについて、分散および標準偏差を求めてみましょう。

37 5 7 17 2 11 23 3 13 29

演習 5.　データ系列 A の要素数は 4、平均値 5、分散値 2 です。データ系列 B の要素数は 6、平均値 7、分散値 3 です。この 2 つのデータ系列を一つに統合したデータ系列の要素数、平均値、分散値はどうなるでしょうか。

演習 6.　あるデータを集計したところ、表 14.3 のような度数分布だったとします。このデータの平均値、分散値、標準偏差を求めてみましょう。

表 14.3　あるデータの度数分布

階級値	30	40	50	60	70
度数	3	7	2	8	4

演習 7.　厚生労働省から世帯別平均所得金額が発表されました。A 君は、自分の所得金額が平均所得金額より 10 万円ほど低かったので、すっかり気落ちしています。世帯別所得金額の分布状況を調べ、A 君が実際にはどういう状況なのか教えてあげましょう。

第15章

データの可視化

　表計算ソフトには、分析した結果を可視化するために、グラフを描画する機能があります。数値のままでは気が付きにくい関係性を発見するのにも役立ちます。またグラフを利用することにより、文章や表で説明するのに比べて全体の傾向などを直感的に捉えることができます。直感的であるために、不適切なグラフの利用は主張を正しく伝えることができません。逆に、違った印象を与えるために行われる故意に不適切な可視化に騙されないようにしましょう。

15.1　グラフによる可視化

15.1.1　グラフの種類と特徴

　グラフには様々な種類があり、それぞれ向き不向きがあります。以下、代表的なグラフの特徴を説明します。

棒グラフ

　　　比較的少ない項目の差を比較したり、離散的な値の変化を示すのに向きます。
　　　ヒストグラムは横軸が階級区間になった棒グラフと考えることができますが、厳密には区別されています。

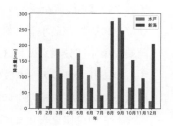

折れ線グラフ

　　　時系列データ間の関係や連続データを示すのに向きます。線の部分は値の推移を示すため、標本点間を直線補間しているとみなされます。補間することに意味がないときには線で結んではいけません。

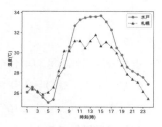

円グラフ

　　　各項目の全体に対する割合や構成比を表すのに向いています。値の小さな項目が多いときには向きません。そのような小さな項目は「その他」とまとめることが多いようです。

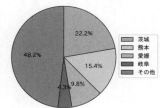

帯グラフ

　　帯全体を 100%として、各項目の構成比を長
方形の面積であらわしたグラフです。16.1 節
で述べるクロス集計の結果を可視化するとき
によく用いられます。

積み上げ棒グラフ

　　同じ軸上に積み上げて表示するため、各項目
の割合が把握しやすくなると同時に、合計や
全体の変化を強調することができます。

散布図

　　2 組のデータ系列間の関係を示します。デー
タ量が多くなると傾向が視覚化されるため相
関関係を示すことができます。相関について
は 16.2 節で詳しく取り上げます。

箱ひげ図

　　データのばらつきを表現することができます。
ひげ線の両端が最小値と最大値を示し、箱の
両端が第 1 四分位点と第 3 四分位点を表しま
す。つまり全体のデータ数の 50%が箱の範囲
に入っています。箱の中の線は第 2 四分位点
すなわち中央値を表します。

レーダーチャート

　　複数の評価軸をもつ項目を比較するときに向
いています。軸の目盛りを外に行くほど大き
い（良い）値とすることで、全体評価を面積
として可視化できます。

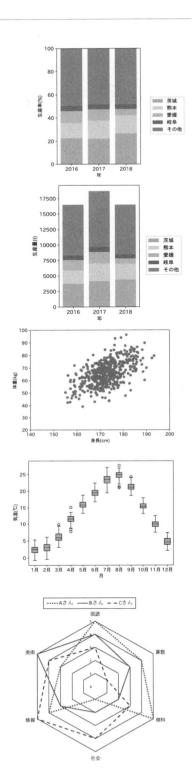

15.1.2　適切なグラフの選択

　不適切なグラフを使って可視化してしまうと、主張したい点がうまく伝わりません。例えば、いくつかの都市の人口の比較をするときに円グラフや各都市を折れ線で結んだ折線グラフでは、円全体は何を意味しているのか、折線は何を意味してるのかが不明です。どのようなグラフが適しているかは、データの性質や何を伝えたいのかに応じて、以下の手順で決定することができます [32]。

ステップ 1

　可視化の目的が「比較」「分布」「構成」「関係」のいずれであるかを明確にします。

ステップ 2

　データの関係性を検討します。項目の数、時系列データか否かなど、データの特性やデータ間の関係を調べます。

ステップ 3

　目的とデータの性質に応じてグラフを選択します。ここで述べた以外にもデータが動的か静的か、周期性があるかなど様々な観点があります。

目的	データの性質と向いているグラフ
比較	項目間の比較を行うのか、時系列の比較を行うのかを考えます。項目間の比較の場合には棒グラフ、時系列の比較をする場合には折れ線グラフを使います。
分布	データの次元やデータ点数に応じて適するグラフが異なります。1 次元ならば棒グラフ、2 次元ならば散布図が向いています。1 次元でもデータ点数が多い場合には、折れ線グラフも検討しましょう。
構成	示したいのが各項目が全体に占める割合（構成比）だけの場合、項目が少なければ円グラフ、項目が多ければ帯グラフが向いています。各項目の値も重要であれば積み上げ棒グラフが適しています。
関係	散布図が向いています。

　一つのグラフにあまり多くの情報を詰め込むと主張がぼやけてしまいます。グラフ中に現れる項目数をある程度減らすためには、元データをそのまま使うのではなく、何らかの集計を事前に行ってから可視化するのが重要です。また、同じデータを使った可視化であっても、主張したい観点が複数ある場合には、一つのグラフですべてを表そうとするのではなく、主張したい観点ごとにそれぞれ異なるグラフを作成しましょう。

15.2　不適切なグラフ

ここでは本来の情報を適切に読み取ることができない不適切なグラフの例を紹介します。

15.2.1　誤った印象を与えるグラフ

視覚的な効果を恣意的に利用することにより、異なる印象を与えることがあります。

軸の一部を省略する、軸がゼロから始まらない

表示する範囲や区間を限定することによって、変化の大きさを実際以上に大きく（あるいは小さく）みせるテクニックです。

以下の図はどちらもある都市の 5 年間の人口推移を棒グラフで表したものですが、右側のほうが急激な人口減少が起きているような印象を受けます。しかし実際には同じデータを表示しています。

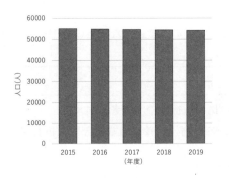 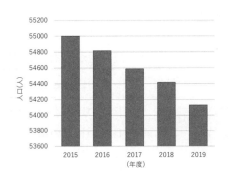

目盛りの間隔が途中で変化している

折れ線グラフなどで横軸の目盛り間隔が途中で変化していると、区間ごとの傾きが本来の変化の度合いを表さなくなります。過去は 5 年間隔、最近は毎年のデータがあるようなときに、深く考えずに年代ごとの比較のグラフを作成してしまうと、このようなグラフができてしまいます。

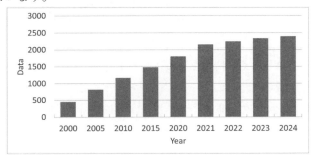

同種のものとして、本来ヒストグラムとすべきものを集計粒度を変えた棒グラフで示す手口もあります。例えば年代別の比較をする際に「10 代」「20 代」のような 10 年刻みのヒストグラムではなく、「若年層（10 代〜20 代）」「ミドル層（30 代〜40 代）」「シニア層（50 代）」を比較する棒グラフとすると、公平な比較になりません。

奥行きや厚みのあるグラフ（3D グラフ）

　　Excel で作成できるグラフには立体的なグラフなど見た目のインパクトを重視したものも用意されていますが、遠近法によって手前にあるものがより大きく表示されるため、同じ値のデータであっても視覚的には同じに感じません。以下の左の図では、手前の部分の割合が一番多いように見えます。しかし平面にするととそうではないことがわかります。

 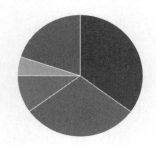

2 軸グラフ

　　2 軸グラフは、2 種類の異なるデータ系列それぞれの軸が左右に配置してあるグラフで、データ系列間の関係を示したいときに使われます。この左右の軸の尺度がまったく独立ならばよいのですが、同種のスケールであるにもかかわらず、目盛りの間隔が極端に異なる場合には、誤解を招くことがあります。例えば 2 つの商品 A と B の売り上げを比較するときに、商品 A の売上の目盛りが「億円」単位、商品 B の売上の目盛りが「兆円」単位の場合、ぱっと見た目には単位の違いに気づかないことがあります。

　このようなグラフは広告やマスメディアなどでもよく目にします。特に悪質なものは「詐欺グラフ」と呼ばれています。グラフを使ってインパクトの強い主張をしてくるときには、詐欺グラフではないか疑ってみることが大事です。

15.2.2　学術的な報告文書における注意点

　このようなグラフは客観的に伝えるための学術的な報告には向きません。

　また、適切に設定を行わないと縦軸や横軸の説明が入らないなど、そのままではレポートや論文など学術的な報告に用いるのにふさわしいグラフになりません。学術的な場面では使用するグラフとして、以下のようなものは不適切とされています。

- 軸のメモリがついていない、単位がついていない
- データの欠損値や外れ値を不適切に補完している
- 色使いが不適切。色が薄く、プレゼンテーション時に見えない、モノクロコピーに耐えない、など。
- グラフ内の項目にラベルがついていない
- 過度な装飾

15.3　グラフ以外の可視化

ヒートマップ

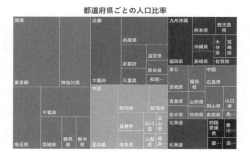

データの意味や重み付けの強弱を、色の
違いや濃淡として視覚的に見分けられる
ようにしたものです。Excel の条件付き書
式でセルに値に応じた背景色を割り当て
るのも一種のヒートマップです。

樹形図、ツリーダイアグラム

樹形図（ツリーダイアグラム,Tree diagram）は、階層的な構造や関係を表現するための
手法です。親子関係や派生関係などに応じて、上から下、左から右のような方向に沿っ
て枝を伸ばしていきます。組織図、デシジョンツリーなど、様々な派生があります。

ツリーマップ

ツリーマップ（Tree map）も階層構造を
表現するための手法ですが、データの大
きさを長方形の面積として表します。要
素の相対的な大きさが視覚的にわかりや
すいという特徴があります。階層構造や
カテゴリは色によって区別されます。

ワードクラウド

ワードクラウド（Word Cloud）とは、テキストデータ中の単語の出現頻度を可視化す
る手法の一つです。図 15.3.1 は、昔話の桃太郎の冒頭部分のワードクラウドの例です。
出現頻度が高い単語がより大きく目立つように配置されます。長いテキストデータの傾
向を素早く把握するために使用されます。同じデータでも異なる出力になり得ることに
注意しましょう。

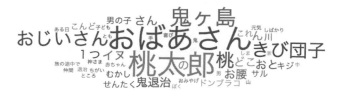

図 **15.3.1**　桃太郎冒頭部分のワードクラウド

15.4　演習問題

演習 1.　以下のデータを棒グラフと円グラフで表現してみましょう。

表 15.1　今日のおやつ

果物	個数
りんご	25 個
ばなな	40 個
ぶどう	15 個
いちご	30 個

演習 2.　以下のデータを用いて、年ごとの売上推移を示すグラフを作成してみましょう。

表 15.2　売上の記録

年	売上
2018 年	100,000 円
2019 年	120,000 円
2020 年	90,000 円
2021 年	150,000 円

演習 3.　グラフを作成する際、外れ値や欠損値はどのように扱ったら良いでしょうか。

演習 4.　「詐欺グラフ」などで検索して、誤解を招くグラフの例について調査してみましょう。どのようなテクニックが使われているか議論してください。

演習 5.　分野によっては、誤解を生じさせない「正しいグラフの書き方」が決められています。どのようなルールがあるか調べてみましょう。

演習 6.　軸のスケールを適切に設定することは重要です。軸の誤ったスケールを使うとどのような問題が生じるか考えてみましょう。

演習 7.　グラフを描くときに、各項目を色で区別することはよく行われています。色を使用する利点や欠点を考えてみましょう。

演習 8.　パンフレットなどを調査し、そこで使用されている可視化手法を調べてみましょう。

第16章

データの分析と解釈

　2つ以上の変数をもつデータセットがあるとき、2つのデータ間の関係を知ることはデータサイエンスを行う上でも重要です。ここでは2つのデータ間の関係を調べる方法についてみていきましょう。

16.1　クロス集計

　クロス集計とは、アンケート結果などのデータを集計するときに、2つ以上の観点でまとめる統計手法のことです。

　図16.1.1を見てみましょう。ここでは、あるアンケートをとり、性別、年齢層、設問の回答（1〜5）が19件得られたとします。「5という回答したのが何人いたか」のように一つの観点で集計する場合は、第14章でみたようにCOUNTIF関数を用いて集計することができます。クロス集計では、2つの項目の条件を同時に満たすものが何件あるか（度数）を集計します。例えば、「性別が男で1と回答した人」は、「性別が男」という行と「1と回答」した列がクロスする位置にあたります。このように2種類の条件を満たす人数を求めるのがクロス集計です。

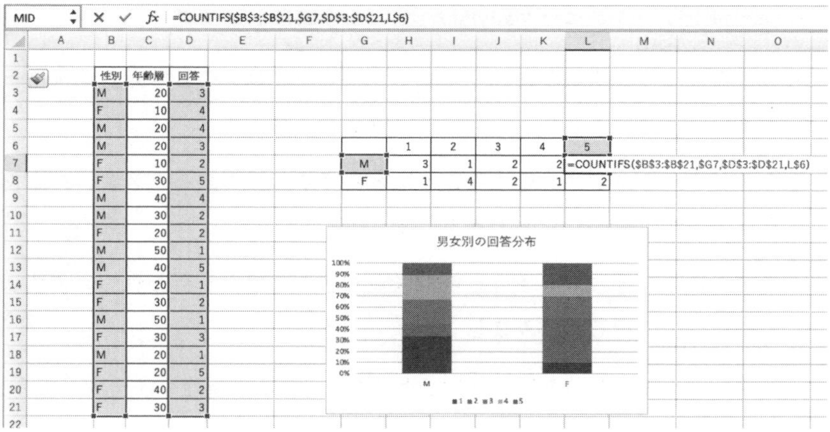

図 16.1.1　クロス集計

　クロス集計で必要な処理は、いってみれば COUNTIF の複数版です。Excel でクロス集計に使用する COUNTIFS 関数は、まさにそのような形になっています。COUNTIFS 関数のパラメータには、COUNTIF 関数と同様のパラメータを複数並べるだけです。

　例えばセル L7 を考えてみましょう。ここでは「性別が男」かつ「回答が5」の件数を求めたいので、「範囲セル$B$2:$B$21 で値が 'M' のもの」かつ「範囲セル$D$2:$D$21 で値が5のもの」が何件あるか、を求めることになります。'M' や5の部分をセル参照で記載すると、

　　　　=COUNTIFS(B3:B21, G7, D3:D21, L6)

となります。

　クロス集計の表が大きくなると、COUNTIFS 関数の式を記述するセルの数も多くなります。オートフィルで一気に式を入力できるよう、参照方法に注意して式を組み立てると次のようになります。セル範囲はすべて絶対参照、G7 は列を固定、L6 は行を固定しています。

　　　　=COUNTIFS($B$3:$B$21, $G7, $D$3:$D$21, L$6)

16.2　相関

　2つのデータ系列 X と Y があるとき、それらが互いにどの程度関連しているかを表す指標を**相関**といいます。変数の強さや方向の度合いを数値化し、強い、弱いを表すものを**相関係数**といいます。2つの変数間の関係を可視化するためには、**相関図（散布図）**を用います。

　相関図の例を2つ見てみましょう。図 16.2.2 は、2019 年の各都道府県の人口（千人）と大手コンビニエンスストア三社の合計店舗数をプロットした散布図です。この散布図を見ると、各データは右肩上がりで直線上に並んでいることから「強い正の相関」を示しています。

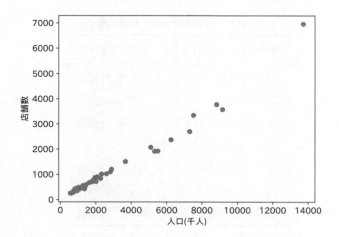

図 **16.2.2**　各都道府県の人口と大手コンビニエンスストア三社の合計店舗数の関係

　一方、図 16.2.3 は、2016 年から 2018 年までの各都道府県県庁所在地と政令指定都市における肉類購入額と魚介類購入額の平均値をプロットした散布図です。散布図を見ると、各データには規則性があるようには見えません。このようなデータは「ほとんど相関がない」と言えます。

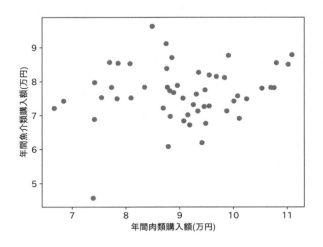

図 16.2.3　主要都市における肉類の購入額と魚介類の購入額の関係

　図 16.2.2 や図 16.2.3 で見た相関関係を客観的な数値として表すのが相関係数です。相関係数は −1 から 1 の間の数値となり、その絶対値が大きいほど相関が強いことを意味します。表 16.1 は、相関係数の値と相関の度合いについてまとめたものです。

表 16.1　相関係数の値と相関の度合い

相関係数 r の範囲	相関の度合い
$-1.0 \leqq r < -0.7$	強い負の相関
$-0.7 \leqq r < -0.4$	負の相関
$-0.4 \leqq r < -0.2$	弱い負の相関
$-0.2 \leqq r < 0.2$	相関がほとんどない
$0.2 \leqq r < 0.4$	弱い正の相関
$0.4 \leqq r < 0.7$	正の相関
$0.7 \leqq r \leqq 1.0$	強い正の相関

―――――― 共分散と相関係数 ――――――

気温や売上の記録といった個々ののデータ系列を、統計学では変数と呼びます。

変数 X と Y をそれぞれ n 個のデータの集合とします。つまり、2 つのデータ系列 $(x_1, x_2, x_3, \ldots, x_n)$ と $(y_1, y_2, y_3, \ldots, y_n)$ があります。i 番目のデータをそれぞれ x_i、y_i と書くことにします。

偏差

X の平均値を $\bar{x}$、Y の平均値を $\bar{y}$ とします。X の各データ x_i が平均 $\bar{x}$ からどの程度ずれているか（偏差）は $x_i - x_i$ で表されます。

共分散

共分散とは、変数 X と Y の両方向の広がりを考慮に入れたばらつきの平均値です。共分散 S_{xy} は、各データの偏差 $x_i - \bar{x}$ と $y_i - \bar{y}$ を使って次式のように表されます。

$$S_{xy} = \frac{1}{n} \sum_{i=1}^{n} (x_i - \bar{x})(y_i - \bar{y}) \tag{16.2.1}$$

相関係数

X と Y の間の相関係数 r は、以下のように定義されています。

$$r = \frac{\dfrac{1}{n} \sum_{i=1}^{n} (x_i - \bar{x})(y_i - \bar{y})}{\sqrt{\dfrac{1}{n} \sum_{i=1}^{n} (x_i - \bar{x})^2} \sqrt{\dfrac{1}{n} \sum_{i=1}^{n} (y_i - \bar{y})^2}} \tag{16.2.2}$$

ここで相関係数の分子は X と Y の共分散になっており、また分母は X の分散の平方根 と Y の分散の平方根の積、すなわち、X の標準偏差と Y の標準偏差の積になっています。

したがって、相関係数 r は共分散 S_{xy} と標準偏差 S_x, S_y を用いて以下のように書くこともできます。

$$r = \frac{S_{xy}}{S_x S_y} \tag{16.2.3}$$

16.3   回帰分析

変数 X を使って Y を説明する、もしくは Y を使って X を説明することを**回帰**と呼びます。相関と回帰の違いは、相関が X と Y がどの程度関係があるかだけを見ているのに対して、回帰は X を使って Y が説明できるか（求めることができるか）、あるいは逆に Y から X が説明できるか、を見ている点にあります。**回帰分析**とは、2つの変数の関係を定量的に表す式（回帰方程式）を求める分析手法です。

図 16.2.2 のデータは直線上に並んでいるようにみえます。直線は、

$$y = a + bx \tag{16.3.4}$$

の形の一次方程式で表すことができます。

図 16.2.2 のデータがどのような直線上に並んでいるのかを調べることを、「一次の回帰方程式を求める」といい、得られる直線を回帰直線といいます。回帰方程式を求めるとは、具体的にはこの一次の回帰方程式の係数 a,b を求めることです。

各点の直線からのずれをなるべく小さくするような a,b を求める計算は、例えば最小二乗法を使って以下のように求めることができます。

$$b = \frac{\displaystyle\sum_{i=1}^{n} y_i x_i - n\bar{y}\bar{x}}{\displaystyle\sum_{i=1}^{n} x_i^2 - n\bar{x}^2} \tag{16.3.5}$$

$$a = \bar{y} - b\bar{x} \tag{16.3.6}$$

━━━ 最小二乗法 ━━━

最小二乗法とは、変数 Y の予測値を $\mathcal{Y}$ としたとき、Y 軸方向の予測値と測定値 y の残差 $e = y - \mathcal{Y}$ に注目し、n 組のデータ (x_i, y_i) に対応する予測値 $\mathcal{Y}_i$ と測定値 y_i との差の二乗和が最小になるように方程式の係数を求める方法です。

一次方程式 $y = a + bx$ の場合、二乗和を a と b の関数 $L(a,b)$ として書くと

$$L(a,b) = \sum_{i=1}^{n} \{y_i - (a + bx_i)\}^2 \tag{16.3.7}$$

次のようになります。この式は2変数の二次式なので、$L(a,b)$ が最小となるのは、$L(a,b)$ を a と b でそれぞれ偏微分した式が同時に 0 になるような a と b のときです。すなわち

$$\frac{\partial L(a,b)}{\partial a} = -2\sum_{i=1}^{n}(y - a - bx_i) \qquad\qquad = 0 \tag{16.3.8}$$

$$\frac{\partial L(a,b)}{\partial b} = -2\sum_{i=1}^{n}(y - a - bx_i)x_i \qquad\qquad = 0 \tag{16.3.9}$$

を一次元連立方程式として解くことで a と b が求まります。

　　実際のデータを使って係数 a,b を求めると、このデータに対する一次の回帰方程式は

$$y = -87.51 + 0.44 \times x \tag{16.3.10}$$

となり、この式で表される回帰直線を図 16.2.2 上にプロットすると図 16.3.4 のようになります。

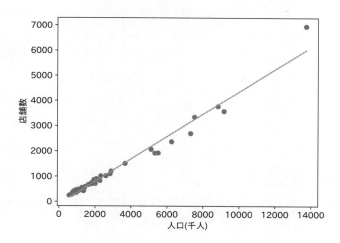

図 16.3.4　一次の回帰直線

　　変数 X と Y の関係をうまく表す方程式は直線とは限りません。求める方程式の次数が 2 次，3 次と上がると、2 次回帰方程式、3 次回帰方程式となります。

　　回帰分析を行うメリットは、実測値（図 16.2.2 の点）が存在しない部分についての推測値が得られることです。また回帰方程式から、人口が 1,000,000 人増える毎にコンビニエンスストアの店舗数が約 440 店増える傾向があることも分かります。

16.3.1　変動

　　回帰方程式は、最小二乗法などでデータからのずれが最小となるように求めることができます。しかし、求めた回帰方程式がデータと実際どの程度うまく適合しているかはまた別の問題です。この適合度合いを評価するには変数 Y の変動（散らばり）を調べます。

　　n 組のデータ (x_i, y_i) がある場合、変動は分散を使って以下のように記述することができます。変動の基準点として何の値を使うかによって、いくつかの種類があります。

データの変動　　データ y と変数 Y の平均値 $\bar{y}$ との差の二乗

$$nS_y^2 = (y_1 - \bar{y})^2 + (y_2 - \bar{y})^2 + \cdots + (y_n - \bar{y})^2 \tag{16.3.11}$$

予測値の変動　　予測値 $\mathcal{Y}$ と変数 Y の平均値 $\bar{y}$ との差の二乗

$$nS_{\mathcal{Y}}^2 = (\mathcal{Y}_1 - \bar{y})^2 + (\mathcal{Y}_2 - \bar{y})^2 + \cdots + (\mathcal{Y}_n - \bar{y})^2 \tag{16.3.12}$$

予測値とデータの変動　　（予測値 $\mathcal{Y}$ とデータ y との差の二乗）

$$nS_e^2 = (y_1 - \mathcal{Y}_1)^2 + (y_2 - \mathcal{Y}_2)^2 + \cdots + (y_n - \mathcal{Y}_n)^2 \tag{16.3.13}$$

また、このとき次の関係が成り立ちます。

$$S_y^2 = S_{\hat{y}}^2 + S_e^2 \qquad (16.3.14)$$

回帰方程式のデータへの適応度合いの評価は、**決定係数**（R^2 とする）を求めることで定量的に見積もることができます。予測値と実測値の一致の度合いは、「予測値の変動」を「データの変動」で割ったもので測ります。この値が 1 のときには「完全に一致した」、逆に 0 に近いときには「変数 Y は変数 X で説明できない」と言うことができます。決定係数は 0〜1 の範囲の値をとります。式 16.3.14 を変形することにより決定係数は

$$R^2 = 1 - \frac{S_e^2}{S_y^2} = \frac{S_{\hat{y}}^2}{S_y^2} \qquad (16.3.15)$$

と定義されます。

16.4　相関関係と因果関係

図 16.4.5 はある事象 A と事象 B の関係を示したものです。すぐわかるように事象 A と事象 B の間には強い正の相関があります。

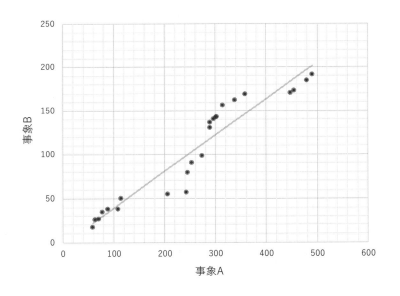

図 16.4.5　事象 A と事象 B

しかし、この結果から事象 A が原因となって事象 B が発生している、と断言することはできません。このような相関関係があったとしても、以下のように複数の状況が考えられます。

- 事象 A が事象 B の原因である（因果関係にある）
- 逆に事象 B が事象 A の原因である（因果関係にある）

- 第 3 の要因 C があり、実際には事象 A も事象 B も C が原因である。(事象 A と事象 B には因果関係はない。これは疑似相関と呼ばれる。)
- 単なる偶然であり、たまたま そういう結果が観測されたに過ぎない。

相関のある統計結果から因果関係を誤って主張することはよくあることです。例えば殺人事件が起きると、犯人の私生活から特定の趣味をもつ人々を犯罪者予備軍であるかのように扱う報道は、昔から多くみられています。

実際に因果関係があるかどうかは、因果関係があると仮定して他のデータと矛盾が生じないか、因果関係を説明する仮説が立てられるかどうか、さらに仮説の検証ができるかどうか、など他に関連しそうな周辺要因がないか調べる、サンプル数を増やして傾向が変わらないか確認する、逆に事象 B から事象 A の関係を説明できないか仮説を立て検証する、など多方面からの確認が必要です。

16.5 実際にやってみましょう

16.5.1 TSV ファイルを読み込む

右に示すのは product.tsv というファイルの内容であり、ある都市における気温 X(度)と、3 つの商品 A,B,C の売り上げ(個数)のデータです。紙面上ではわかりにくいですが、各行の項目間は Tab 文字で区切られています(TSV ファイル)。TSV ファイルは、CSV ファイルと同様に外部データの取り込み機能を使って、表計算ソフトに読み込むことができます。このデータを使って相関係数などを求めてみましょう。

―― product.tsv ――

```
月 気温 A B C
1 2 5 90 46
2 6 16 81 97
3 5 16 90 30
4 10 27 65 40
5 19 43 29 63
6 23 60 18 80
7 27 68 14 73
8 28 72 11 12
9 21 54 28 35
10 16 40 57 82
11 8 21 72 98
12 3 8 104 59
```

16.5.2　グラフで可視化する

　まず始めに、月毎の気温と売り上げがどのような変化をしているのか、ざっと形をみておきましょう。気温から商品 C までの範囲を対象に折れ線グラフを作成してみると、図 16.5.6 のようになります。商品 A は気温と似た傾向を示していますが、商品 B と C は気温とはあまり関係がないように見えます。

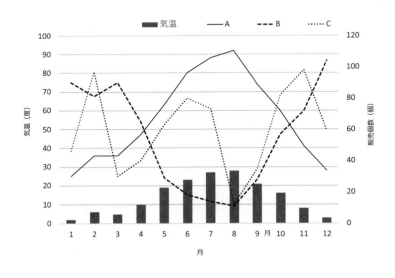

図 16.5.6　可視化

16.5.3　散布図の作成

　つぎにそれぞれの商品について気温との関係を分析していきます。

　ここでは気温と商品 A の売り上げの関係を見てみましょう。気温と商品 A のデータを元に散布図を作成すると、図 16.5.7 のようになります。見るからに「強い相関」がありそうです。

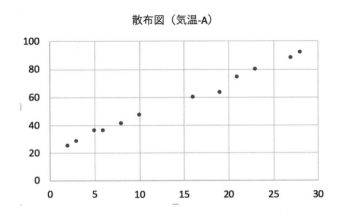

図 16.5.7　気温と商品 A の関係（散布図）

16.5.4　相関係数を求める

相関係数を求めて数値的にも確認します。Excel の関数を使って相関係数を求めるには、CORREL 関数を使います。CORREL 関数には 2 つのデータ系列を渡します。

	A	B	C	D	E
1					
2	月	気温	A	B	C
3	1	2	25	90	46
4	2	6	36	81	97
5	3	5	36	90	30
6	4	10	47	65	40
7	5	19	63	29	63
8	6	23	80	18	80
9	7	27	88	14	73
10	8	28	92	11	12
11	9	21	74	28	35
12	10	16	60	57	82
13	11	8	41	72	98
14	12	3	28	104	59
15					
16			気温とA	気温とB	気温とC
17		相関係数	=CORREL($B$3:$B$14,C3:C14)		
18					

図 16.5.8　気温と商品 A の相関係数を求める

16.5.4.1　回帰方程式を求める

図 16.5.8 の散布図に対する、一次の回帰方程式を求めてみましょう。回帰方程式 $y = a + bx$ の係数 a と b を求めます。一次の場合、b は傾き、a は切片と言い換えることができます。168 ページにある数式に従って計算すればよいのですが、Excel にはデータ系列に対する一次の回帰直線の傾きや切片を求める関数があります。傾きを求めるのは SLOPE 関数、切片を求めるのは INTERCEPT 関数です。いずれもパラメータとして、回帰を行う元になるデータの範囲を渡します。パラメータの順序は、目的変数（つまり縦軸）y のデータ範囲、説明変数（つまり横軸）の x のデータ範囲の順です。

回帰方程式（y=a+bx）			
傾き（b）	=SLOPE(C3:C14,B3:B14)		
切片（a）	21.0321163		

図 16.5.9　回帰方程式の傾きと切片を求める

傾きは 2.4858、切片は 21.0321 となるので、回帰方程式は以下のように求まります。

$$y = 21.0321 + 2.4858x$$

回帰方程式が得られれば、これを使って元データがないところの推測値を求めることができます。例えば気温が 14 度のときに商品 A がどの程度売れるかを予測することができます。上記の回帰方程式を使って Excel で計算してもいいのですが、Excel では FORECAST 関数が用意されています。

予測

=FORECAST(14,C3:C14,B3:B14)

図 16.5.10   気温 14 度のときの商品 A の売り上げを予測する

これで気温 14 度のときの商品 A の売り上げは 56 個くらいであろうということがわかります。なお図 16.5.10 では関数の第 1 パラメータに 14 と直接記述していますが、様々な値で確認したいときに式をいちいち編集するのは大変なので、別のセルを参照するのがいいでしょう。

16.5.5   回帰直線を描画する

最後に、図 16.5.7 のグラフ上に回帰方程式を描画してみましょう。グラフ中のデータ点の上で右クリックすると、ポップアップメニューの中に「近似曲線の追加...」という項目がありますので、その中の「線形近似」を選択します。

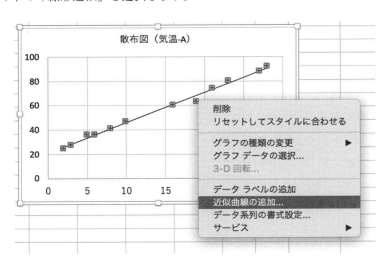

図 16.5.11   回帰直線の描画（商品 A）

この回帰直線は先ほどの SLOPE 関数や INTERCEPT 関数の値に基づいて描画されています。近似曲線のオプションから、さきほど求めた回帰方程式を表示させることもできます。

　ここまでの分析で何が言えるでしょうか。言えることは「気温と商品 A の売り上げの相関が極めて高い」ということです。「気温が高くなること」と「商品 A の売り上げが増えること」の因果関係については何も主張できません。つい「気温が高くなると、商品 A が売れる」と表現したくなりますが、これは因果関係を述べているようにも受け取れる表現なので避けるべきです。

　SLOPE、INTERCEPT、FORECAST の各関数や近似曲線の描画は、そのデータ系列に対して一次の回帰方程式を当てはめることが妥当である場合にのみ、結果に意味があります。相関関係がないデータであっても Excel は直線を描画します。相関係数などを確認せずに近似直線を描画してしまうと、意味のない処理をしてしまいかねません。

16.6　統計の嘘

16.6.1　恣意的な嘘

　「統計の嘘」とは、ある主張をするために、統計処理を行う際に意図的に都合の良いデータ処理を行うことであり、一見科学的な説明で誤った印象を与えるものとして有名です。

　データを分析した結果は、調査結果あるいは統計結果という形で何らかの主張の根拠として使われます。データの分析は、確率や統計学といった数学的な手法で計算されるため、その結果は、科学的、客観的なものと思われています。客観的なデータ処理を行った結果を見ているという思い込みがあるため、統計処理の結果を示されると、それを鵜呑みにしてしまいかねません。

　統計の嘘は、一連の統計処理の注意深く検証することによって見破ることができます。しかし、そのためには全過程が公開されている必要があります。設問が不明なアンケート結果だけ見せられても、回答者が誘導されていないかどうかわかりません。

　そこで統計結果の信憑性を確保するために、統計処理で使用したデータをなるべく素の状態で公開し、第三者が多角的に分析することを可能にしておくことが重要になります。国や地方公共団体、民間企業などが所有している様々なデータを誰でも無料で自由に利用できる形でインターネット上に公開する**オープンデータ**の動きが活発化しています。

　ダレル・ハフは、「統計でウソをつく法」[46] の中で統計の嘘を見抜くために確認すべき 5 つの項目をあげています。

- 統計結果の出自はどこか。誰がそう言っているのか。その統計の結果によってメリットを得る組織や団体ではないか。
- データの出自はどこか。どういう方法で調べたのか。誘導していないか。
- 足りないデータはないか。調査対象に偏りはないか。主張に合わないデータを恣意的に外していないか。
- 結果の解釈は正しいか。問題をすり替えていないか。
- そもそも意味があるのか。意味のない分析をしていないか。

16.6.2　表現による誘導

統計処理の結果を説明する文章で、意図的に誤った印象を与えることもあります。

例えば、「年間 100 万台生産される機器のうち 1000 台が故障する」という統計結果を説明するとき、どのように表現するかによって その製品の故障が多いのか少ないのか印象が変わります。

- 「故障が毎年 1000 件発生しています」
- 「故障が発生する確率は 0.01％です」
- 「故障が約 1 日に 3 件の割合で発生します」

また、必ずしも二者択一ではない事象に対するアンケートで、中間意見を恣意的に取り扱うこともできます。例えば、回答が「好き 43％」「嫌い 32％」「どちらでもない 25％」になったとき、「好きと答えなかった人が過半数でした」というと、「好き」より「嫌い」が多かったように印象付けることができます。

アンケートの聞き方とは異なる集計をすることもあります。例えば「○○は▲▲を 100％防止できると思いますか」という設問に対して、「そうは思わない」が多数になったときに、報告書では「多くの人が、▲▲防止のために○○は役に立たないと考えている」のように、論点をずらしてしまう例もあります。

16.7 演習問題

演習 1. 16.5.1 節で示した product.tsv のファイルを使って、「気温と商品 B」と「気温と商品 C」の散布図を作成してみましょう。

演習 2. 「気温と商品 B」「気温と商品 C」の相関係数が求めてみましょう。「気温と商品 A」の相関係数を求める式をオートフィルで右方向にコピーするといいでしょう。

演習 3. 「気温と商品 B」、「気温と商品 C」の回帰方程式を求めてみましょう。

演習 4. 商品 A、商品 B、商品 C それぞれの相互の相関係数を求めてみましょう。
どのような性質があるでしょうか。

演習 5. 気温と商品 C の場合、一次の回帰直線を描画すると図 16.7.12 のようになります。
この回帰直線から何がいえるでしょうか。

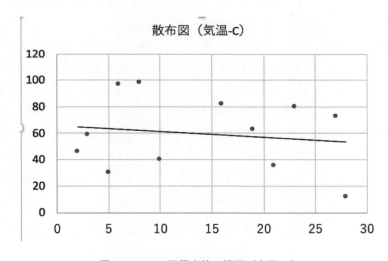

図 16.7.12　回帰直線の描画（商品 C）

演習 6. 大学では大学全体あるいは各学部単位で「就職率」を公開しています。この「就職率」は「全体」における「就職した人数」の割合で計算します。では「全体」とは何でしょう？入学時の学生の数でしょうか。卒業予定者の数でしょうか？他にどのようなケースが考えられますか？

演習 7. 以下のような調査結果が出ました。この食べ物を禁止した方がいいでしょうか。
- 心筋梗塞で死亡した人の 95%がこの食べ物を摂取していました
- がん患者の 98%がこの食べ物を摂取していました
- 凶悪犯罪者の 90%が犯行前 24 時間以内にこの食べ物を摂取していました

演習 8. 交通事故を起こした車種を調査したところ、特定の車種の事故件数が突出して多かったとします。このことから、その車種に問題があると言えるでしょうか。

第 17 章

プログラムを用いたデータ解析

17.1　なぜプログラムか

これまでは、表計算ソフトを用いたデータ処理の概略をみてきました。データの数が数十件程度であれば、表計算ソフトでも見通し良く段階的に作業を進めることができます。しかしデータ件数がもっと多い場合はどうでしょう？

例えば、IoT では各種センサーがインターネットに接続され、観測データが次々に集積されてきます。センサーから 10 分毎に収集される気温と湿度を解析する場合、一つのセンサーだけでもそのデータ数は 1 年間で 5 万件を超えます。このような膨大な量のデータを表計算ソフトで行うとすると、範囲を選択するだけでも大変です。実際のところ、表計算ソフトでは数式が入ったセルの数が 1 万件を超えると快適に操作できないと思った方が良いでしょう。

データ処理を行うプログラムを作成することで、大容量のデータでも効率よく処理することができます。データを変えて同じ処理を繰り返すのも簡単です。ここでは、Python というプログラミング言語を用いたデータ処理の例を見てみましょう。

Python

Python（パイソン）はプログラミング言語の 1 つです。プログラミング言語は星の数ほどあり、それぞれ長所短所があります。Python は文法が比較的わかりやすく、また様々な目的に特化した強力なライブラリ（利用可能な補助プログラム）があるため、最近様々な分野で広く使われるようになりました。書籍やインターネット上の情報も豊富にあるため、学習しやすい言語と言えるでしょう。

17.2　Python 環境の構築

Python の環境構築の方法としては目的や習熟度によって様々なやり方があります。ここでは Windows 環境に Python 公式サイトから 64bit Python 3 の環境を構築する方法を紹介します。この環境では IDLE と呼ばれる簡易な実行環境が使えるようになります。

17.2.1　インストール

Web ブラウザで `https://www.python.org/` にアクセスし、「Download」メニューをクリックします。使用している OS 用の最新版のインストーラをダウンロードするボタンが表示されるので、クリックしてダウンロードします。

保存したインストーラはダウンロードフォルダにあるので、ダブルクリックして起動します（図 17.2.2）。「Use Admin privileges when installing py.exe」と「Add python.exe to PATH」にチェックを入れ、「Install Now」をクリックします。

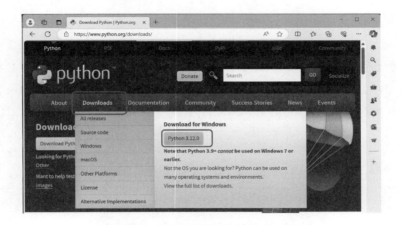

図 **17.2.1**　インストーラをダウンロードする

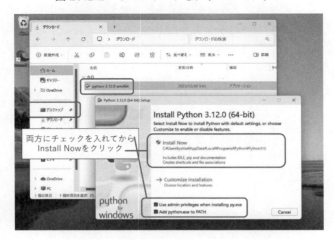

図 **17.2.2**　インストーラはダウンロードフォルダに入っている

　実際にインストールをして良いか確認画面が出るので「はい」を選択していくと、やがて「Install Successful」の画面になります。ここで「Disable path length limit」の警告が出ている場合には、クリックして制限を外しておきます（図 17.2.3）。最後に「close」をクリックするとインストール完了です。

図 17.2.3　インストーラを実行する

17.2.2　ライブラリなどの追加インストール

　Python では様々な目的に特化したライブラリが提供されています。これらは最初はインストールされていないので、追加インストールする必要があります。例えば `matplotlib` を追加インストールするには、Windows のコマンドプロンプトを開き、以下のようにコマンド入力します。

```
pip install matplotlib
```

17.2.3　IDLE を使って Python プログラムを作成して実行する

　Python には IDLE というシンプルな実行環境がついてきます。これを利用してプログラムを実行してみましょう。図 17.2.4 に示すように Windows メニューからアプリ一覧を開き、「すべてのアプリ」→「Python 3.x」→「IDLE」を選択すると、図 17.2.5 のような Shell ウィンドウが表示されます。

　Shell ウィンドウでは、直接 Python のプログラムを入力して実行することができます。試しに「5*(5+4)」と入力してみると、すぐに計算結果が表示されます。計算式をそのままの形で入力して計算できるので、演算順序を考えながら使わなければならない電卓より使いやすいかもしれません。

```
>>> 5*(5+4)
45
```

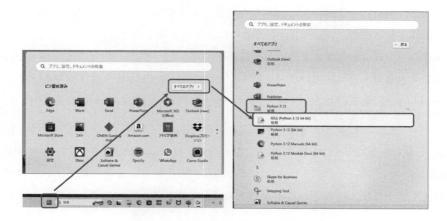

図 **17.2.4　IDLE** の起動

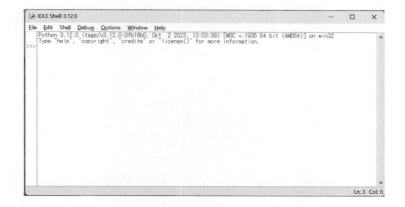

図 **17.2.5　IDLE** の **Shell** ウィンドウ

　では次に、プログラムをファイルとして作成してみましょう。Shell ウィンドウのメニュー
から「File」→「New File」を選択すると、新たに Editor ウィンドウが開きます。このウィン
ドウに Python のプログラムを入力します。リスト 17.1 はタートルグラフィックのプログラ
ムです。

リスト **17.1　turtle.py**

```
1  import turtle
2  t=turtle.Turtle();
3  t.color('blue')
4  for i in range(1,50):
5      t.forward(5*i)
6      t.left(140)
7  t.done()
```

　メニューの「File」→「Save」で編集したファイルを保存します。初回は「名前を付けて保存」する画面が開くので、「turtle.py」のようにファイル名をつけます。

　一度保存した Python のプログラムを後日再度編集したいときには、IDLE から turtle.py のファイルを開きます。具体的には、Shell ウィンドウまたは Editor ウィンドウのメニューから「File」→「Open」を選択し、ファイル選択ダイアログから目的のファイルを選択します。

　作成した Python プログラムを実行するには、Editor ウィンドウのメニューから「Run」→「Run Module」を選択します。実行結果（文字出力）は Shell ウィンドウに出力されます。今回の turtle.py ではタートルグラフィック用の画面が別に開き、実行されます。プログラム中の色、数値を変更して、描画される画像がどのように変わるかみてみましょう。

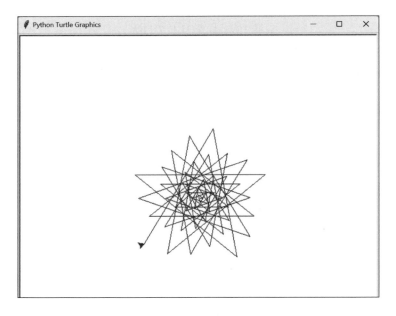

図 17.2.6　turtle.py を実行する

17.3　Python によるデータ処理の例

　ファイルからデータを読み込んで分析し、グラフを表示する様子を見てみましょう。ここでは Python 3.4 から導入された数理統計ライブラリである **statistics** を使います。またグラフの描画には Python の描画ライブラリの一つである **matplotlib** を使います。

17.3.1　データの読み込み

　test.csv という名前のテキストファイルに (x, y1, y2) のデータの組が以下のような CSV 形式で格納されているとします。リスト 17.2 は、この CSV ファイルを読み込んで表示するプログラムの例です。

```
────────────── test.csv ──────────────
10, 120, 142
20, 130, 213
30, 235, 153
40, 123, 206
50, 74, 64
60, 65, 146
70, 84, 43
```

リスト 17.2　CSV ファイルからの読み込みと表示

```python
1  import csv
2  from statistics import mean,variance,stdev
3  from matplotlib import pyplot as plt
4
5  # ファイルからデータ読み込みCSV
6  datafile = './test.csv'
7  with open(datafile, mode='r') as fn:
8          reader = csv.reader(fn)
9          mydata=[row for row in reader]
10
11 # 読み込んだデータの表示
12 for d in mydata:
13     print( d )
```

17.3.2　最大値などの計算

　リスト 17.3 では、y1 のデータ系列について最小値、最大値、平均値、分散、標準偏差など
を求めています。y1 の値だけが格納された配列が必要なので、15 行目から 21 行目ではデータ
構造の組み替えを行うと同時に、文字列型から数値への変換を行なっています。ここでは素朴
な方法で記述していますが、通常は、より高速な行列転置を行う演算を使用します。29 行目以
降では計算結果を小数点以下 2 桁まで表示しています。

リスト **17.3**　数理統計処理

```
14  # データ構造の組み替え
15  x = []
16  y1 = []
17  y2 = []
18  for d in mydata:
19      x.append( float(d[0]) )
20      y1.append( float(d[1]) )
21      y2.append( float(d[2]) )
22
23  min_y1 = min( y1 )     # 最小値
24  max_y1 = max( y1 )     # 最大値
25  mean_y1 = mean( y1 )   # 平均値
26  var_y1 = variant( y1 )    # 分散
27  stdev_y1 = stdev( y1 )    # 標準偏差
28
29  print('最小値: {0:.2f}'.format(min_y1))
30  print('最大値: {0:.2f}'.format(max_y1))
31  print('平均: {0:.2f}'.format(mean_y1))
32  print('分散: {0:.2f}'.format(var_y1))
33  print('標準偏差: {0:.2f}'.format(stdev_y1))
```

17.3.3　グラフのプロット

　折れ線グラフを描く plot 関数には、リスト 17.4 のようにデータ点列の「横軸の値の配列」と「縦軸の値の配列」を渡します。マーカーの種類や大きさ、線の種類など様々なグラフ要素を指定することができます。このように一つ一つ指定するのは大変と思うかもしれませんが、複数のグラフを描く場合でもデザインを完璧に揃えることができます。図 17.3.7 に IDLE 環境で実行した様子を示します。様々なパラメータを変えて、どのようにグラフが変化するかぜひ試してみてください。

リスト 17.4　グラフの描画

```
34  #グラフ描画
35  plt.plot(x, y1, marker='o', markersize=5, linestyle='-' )
36  plt.plot(x, y2, marker='^', markersize=10, linestyle=':' )
37  plt.show()
```

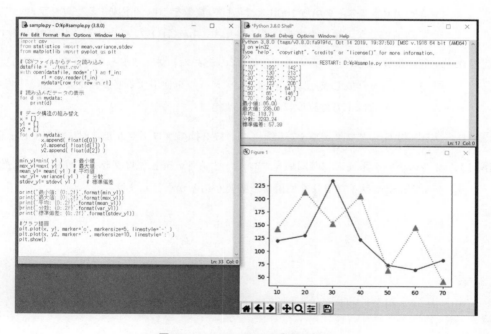

図 17.3.7　IDLE での実行の様子

17.4　演習問題

演習 1.　PC に Python をインストールしてみましょう。

演習 2.　Python を起動し、簡単な四則演算を試してみましょう。

演習 3.　17.2.3 節の Turtle グラフィックを実際に試してみましょう。リスト 17.1 の引数 (50, 5*i, 140 など) を変更し、実行結果がどのように変わるか試してみましょう。

演習 4.　turtle.py のファイルを保存、再読み込みできることを確認しておきましょう。

演習 5.　17.3 節の手順を実際に行ってみましょう。

演習 6.　Python の plot 関数でどのような機能があるか、どのようなパラメータがあるか、調べてみましょう。

演習 7.　リスト 17.4 の plot 関数の引数を変更して、グラフがどのように変わるか確認しましょう。

演習 8.　Python の標準ライブラリである random モジュールを使用すると、乱数を生成することができます。1 から 1000 までの間の整数を 100 個生成するプログラムを作成してみましょう。簡単な雛形は Copilot や ChatGPT などで得ることができます。

演習 9.　上記で生成したデータ系列を、CSV 形のテキストファイルとして保存する Python プログラムを作成しましょう。csv モジュールを使用する必要があるかもしれません。データ数は 1 万件程度に増やしておきましょう。

演習 10.　上記で生成したファイルを対象として、17.3 節のプログラムで処理してみましょう。

演習 11.　2 つのデータ系列の相関関係をプロットする Python プログラムを作成してください。Numpy ライブラリを使用する必要があるかもしれません。

記号の読み方

記号	読み方
！	エクスクラメーションマーク, びっくりマーク, 感嘆符
？	クエスチョンマーク, はてなマーク, 疑問符
＂	ダブルクォート
＇	シングルクォート
＇	バッククォート
＃	ナンバーサイン, ハッシュマーク, シャープ※
＄	ドル
％	パーセント
＆	アンパサンド, アンド
＿	アンダーバー
（ ）	丸かっこ, 小括弧
｛ ｝	波かっこ, 中括弧

文字	読み方
＾	ハット, キャレット, 山
～	チルダ, にょろ
¥	円マーク
／	スラッシュ
＼	バックスラッシュ
：	コロン
；	セミコロン
＊	アスタリスク
＜	小なり
＞	大なり
．	ドット, ピリオド
，	カンマ, コンマ
＠	アットマーク
・	ナカグロ, なか点
｜	縦棒, パイプ

※ 厳密にはシャープは♯で別の記号。

関 連 図 書

[1] 経済協力開発機構（OECD）:"Students On Line: Digital Technologies and Performance", PISA 2009 key findings, Vol. VI, OECD Publishing, p.171, 2011.

[2] 経済協力開発機構（OECD）: "PISA 2018 country-specific overviews — Japan", https://www.oecd.org/pisa/publications/PISA2018_CN_JPN_Japanese.pdf, 2019.

[3] 大学 ICT 推進協議会 (AXIES) ICT 利活用調査部会：「ICT 利活用調査」, https://axies.jp/report/ict_survey/, （2023/12/26 閲覧）

[4] 木村修平, 近藤雪絵：「"パソコンが使えない大学生" の実態に迫る―立命館大学 6 学部の横断調査に基づいて―」, 2017 PC カンファレンス論文集, pp.279–282, 2017.

[5] 奥村晴彦, 佐藤義弘, 中野由章 監修：「キーワードで学ぶ最新情報トピックス 2023」, 日経 BP 社, 2023.

[6] 佐藤俊樹 著：「社会は情報化の夢を見る―［新世紀版］ノイマンの夢・近代の欲望」, 河出文庫, 2010.

[7] 三輪信雄 著：「セキュリティポリシーでネットビジネスに勝つ」, NTT 出版, 2000.

[8] 打川和男 著：「市場の失敗事例で学ぶ 情報セキュリティポリシーの実践的構築手法」, オーム社, 2003.

[9] 矢野直明 著, 林紘一郎 著：「倫理と法 ― 情報社会のリテラシー」, 産業図書, 2008.

[10] Joshua Hardwick 著: "Google Search Operators: The Complete List (42 Advanced Operators)", https://ahrefs.com/blog/google-advanced-search-operators/, （2023/12/26 閲覧）

[11] 掌田津耶乃 著: 「プログラミング知識ゼロでもわかる プロンプトエンジニアリング入門」, 秀和システム, 2023.

[12] Small Hadron Collider 著: "How Secure Is My Password?", https://howsecureismypassword.net/ （2023/12/26 閲覧）

[13] Joseph Bonneau, Elie Bursztein, Ilan Caron, Rob Jackson, Mike Williamson 著: "Secrets, Lies, and Account Recovery — Lessons from the Use of Personal Knowledge Questions at Google", Proceedings of the 22nd international conference on World Wide Web, ACM, 2015. https://ai.google/research/pubs/pub43783 （2023/12/26 閲覧）

[14] 佐久間淳 著：「データ解析におけるプライバシー保護」，講談社，2016.

[15] 舟山聡 著：「インターネットとプライバシー 「個人情報保護」の考え方」，IT プロフェッショナルスクール，2002.

[16] 田中道昭 著：「GAFA × BATH 米中メガテックの競争戦略」，日本経済新聞出版社，2019.

[17] プロジェクトタイムマシン：「コンピュータユーザのための著作権＆法律ガイド」，毎日コミュニケーションズ，2002.

[18] 藤原宏高 著，平出晋一 著：「プログラマのための著作権法入門」，技術評論社，1991.

[19] 酒井雅男 著，メディア・トゥディ研究会：「デジタル時代の著作権最新 Q & A」，ユーリード出版，2003.

[20] Creative Commons 日本法人：「クリエイティブ・コモンズ・ライセンスとは」，https://creativecommons.jp/licenses/ （2023/12/26 閲覧）

[21] 黒田法律事務所，黒田特許事務所：「図解でわかる デジタルコンテンツと知的財産権」，日本能率協会マネジメントセンター，2004.

[22] 社団法人コンピュータソフトウェア著作権協会：「マルチメディア時代の著作権基礎講座（改訂第 6 版）」，社団法人コンピュータソフトウェア著作権協会，1998.

[23] 総務省：「国民のための情報セキュリティサイト」，https://www.soumu.go.jp/main_sosiki/cybersecurity/kokumin/index.html （2023/12/26 閲覧）

[24] 岡田仁志 著，高橋郁夫 著，島田秋雄 著，須川賢洋 著：「IT セキュリティカフェ ― 見習いコンサルタントの事件簿 ―」，丸善，2006.

[25] 警察庁：「サイバー警察局」，https://www.npa.go.jp/bureau/cyber/index.html （2023/12/26 閲覧）

[26] 情報処理推進機構 (IPA)：「IT 時代の危機管理入門 情報セキュリティ読本 五訂版」，実教出版，2018.

[27] 中澤佑一 著：「インターネットにおける誹謗中傷法的対策マニュアル（第 3 版）」，中央経済社，2019.

[28] 石川智久 著，植田昌司 著：「エンジニアのための PowerPoint 再入門講座 伝えたいことが確実に届く "硬派な資料" の作り方」，翔泳社，2009.

[29] 開米瑞浩 著：「エンジニアのための図解思考 再入門講座 情報の "本質"を理解するための実践テクニック」，翔泳社，2010.

[30] 高橋佑磨 著，片山なつ 著：「伝わるデザインの基本 増補改訂版 よい資料を作るためのレイアウトのルール」，技術評論社，2016.

[31] ガー・レイノルズ 著，熊谷小百合 翻訳：「プレゼンテーション Zen 第 2 版」，丸善出版，2014.

[32] Andrew V. Abela 著 : "The Extreme Presentation(tm) Method — Extremely effective communication of complex information",
https://extremepresentation.typepad.com/blog/ （2023/12/26 閲覧）

[33] 本多勝一, 「日本語の作文技術」, 朝日新聞出版 朝日文庫, 1982.

[34] 河野哲也, レポート・論文の書き方入門 第 3 版, 慶應義塾大学出版会, 2005.

[35] 戸田山和久, 「新版論文の教室レポートから卒論まで」, NHK 出版, 2012.

[36] 渡辺哲司, "「書くのが苦手」をみきわめる－大学新入生の文章表現力向上をめざして", 学術出版会, 2010.

[37] 村岡貴子, 因京子, 仁科喜久子 : 「論文作成のための文章力向上プログラム－アカデミック・ライティングの核心をつかむ」, 大阪大学出版会, 2013.

[38] 佐渡島紗織, 吉野亜矢子 著 : 「これから研究を書くひとのためのガイドブック－ライティングの挑戦 15 週間」, ひつじ書房, 2008.

[39] 佐藤竜一 著 : 「エンジニアのための Word 再入門講座 美しくメンテナンス性の高い開発ドキュメントの作り方」, 翔泳社, 2008.

[40] 竹村彰通 編, 姫野哲人 編, 高田聖治 編 : 「データサイエンス入門」, 学術図書出版, 2019.

[41] 佐藤洋行 著, 原田博植 著, 里洋平 著 : 「改訂 2 版 データサイエンティスト養成読本」, 技術評論社, 2016.

[42] Q. Ethan McCallum 著, 磯 蘭水 翻訳 : 「バッドデータハンドブック ―データにまつわる問題への 19 の処方箋」, オライリージャパン, 2013.

[43] 吉川昌澄 著 : 「エンジニアのための Excel 再入門講座」, 翔泳社, 2010.

[44] 奥村晴彦 著 : "「ネ申 Excel」問題",
https://oku.edu.mie-u.ac.jp/~okumura/SSS2013.pdf ,
https://oku.edu.mie-u.ac.jp/~okumura/SSS2013slide.pdf(スライド)
(2024/01/10 閲覧)

[45] 栗原 伸一, 丸山 敦史 著 : 「統計学図鑑」, オーム社, 2017.

[46] ダレル・ハフ 著, 高木秀玄 翻訳 : 「統計でウソをつく法 ― 数式を使わない統計学入門」, 講談社, 1968.

[47] 藤 俊久仁 著, 渡部 良一 著 : 「データビジュアライゼーションの教科書」, 秀和システム, 2019.

[48] 三末 和男 著 : 「情報可視化入門:人の視覚とデータの表現手法」, 森北出版, 2021.

[49] 永田 ゆかり 著 : 「データ視覚化のデザイン」, SB クリエイティブ, 2020.

[50] Wes McKinney 著, 瀬戸山 雅人 翻訳 : 「Python によるデータ分析入門 第 2 版 ― NumPy, pandas を使ったデータ処理」, オライリージャパン, 2018.

[51] 小久保 奈都弥 著 : 「データ分析者のための Python データビジュアライゼーション入門 コードと連動してわかる可視化手法 」, 翔泳社, 2020.

索　引

あとがき

情報に関する技術の進歩は目覚ましく、5年も経てばそれまで存在しなかったようなハードウェア、ソフトウェア、ネットワークサービスが登場していると思って まず間違いありません。つまり皆さんが卒業するときには、大学入学時に存在しなかった技術やサービスが出現している可能性があるということです。本書執筆時点の直前の5年間には生成AIの登場という劇的な変化がありました。今後、生成AIを活用した様々なサービスが登場することは確実です。あらゆる情報がインターネット上に蓄積され、多種多様な場面で活用される状況では、データを持つ者、新たな活用方法を生み出せる者が主導権を握ることになります。それらのデータを分析し、出力された結果をどのように解釈し、活用すればよいか。その一連の過程においてAIを活用できれば鬼に金棒です。しかし同時に、情報技術の誤った使い方は社会に重大な影響を与えかねません。

本書は技術や操作方法を単に説明するのではなく、ELSIの観点から、セキュリティ、法律、倫理など、情報技術と社会の関わりに関する話題をも多角的に取り上げるようにしました。本書が皆さんの情報リテラシー、データリテラシーの向上につながれば幸いです。

本書で使用したデータの出典は以下のとおりです。

- 気象庁：「過去の気象データ・ダウンロード」，
  https://www.data.jma.go.jp/gmd/risk/obsdl/index.php
- 農林水産省：「作物統計」，
  https://www.maff.go.jp/j/tokei/kouhyou/sakumotu/index.html
- 総務省統計局：「日本の統計2019」，https://www.stat.go.jp/data/nihon/index1.html
- LAWSON：「企業情報—ローソンチェーン全店売上高（連結）・店舗数推移」，
  https://www.lawson.co.jp/company/corporate/data/sales/
- FamilyMart：「店舗数」，https://www.family.co.jp/company/familymart/store.html
- セブンイレブン・ジャパン：「国内店舗数」，https://www.sej.co.jp/company/tenpo.html
- 総務省統計局：「家計調査（二人以上の世帯）品目別都道府県庁所在地及び政令指定都市ランキング（2016年（平成28年）〜2018年（平成30年）平均）」，
  https://www.stat.go.jp/data/kakei/5.html

著者一覧

大瀧 保広　茨城大学 情報戦略機構
山本 一幸　茨城大学 情報戦略機構
羽渕 裕真　茨城大学 副学長（情報・DX）

デジタルネイティブのための情報リテラシー

2024 年 3 月 20 日	第 1 版　第 1 刷　印刷
2024 年 3 月 30 日	第 1 版　第 1 刷　発行

著　者　　大瀧保広　　山本一幸
　　　　　羽渕裕真

発 行 者　　発田和子

発 行 所　　株式会社 学術図書出版社

〒113-0033　　東京都文京区本郷 5 丁目 4-6
TEL 03-3811-0889　　振替　00110-4-28454
印刷　三和印刷（株）